elogio à solidão

Stephen
Batchelor

ELOGIO À SOLIDÃO

Uma reflexão
sobre estar sozinho
em meio aos outros
no mundo

Tradução de
Marilene Tombini

GRYPHUS

Rio de Janeiro

© THE ART OF SOLITUDE, Copyright © 2020 by Stephen Batchelor
"Brazilian Portuguese rights arranged with Anne Edelstein Literary Agency LLC, New York c/o Aevitas Creative Management through Villas Boas & Moss Agência Literária, Rio de Janeiro."

Título original: The art of solitude

Revisão: Vera Villar

Diagramação: Rejane Megale

Capa: Carmen Torras para www.gabinetedeartes.com.br

Imagem de capa: Stars, de Agnes Martin

Adequado ao novo acordo ortográfico da língua portuguesa
Direito autoral da imagem de capa reservado e garantido

CIP-BRASIL. CATALOGAÇÃO-NA-FONTE
SINDICATO NACIONAL DOS EDITORES DE LIVROS, RJ
....
B333e

Batchelor, Stephen, 1953-
    Elogio à solidão : uma reflexão sobre estar sozinho em meio aos outros no mundo / Stephen Batchelor ; tradução Marilene Tombini. - 1. ed. - Rio de Janeiro : Gryphus, 2022.
    194 p. ; 21 cm.

    Tradução de: The art of solitude
    Inclui bibliografia
    ISBN 978-65-86061-34-5

    Solidão - Aspectos religiosos - Budismo. 2. Espiritualidade - Budismo. I. Tombini, Marilene. II. Título.

22-75942   CDD: 294.34
                                                                        CDU: 24-58
....

GRYPHUS EDITORA
Rua Major Rubens Vaz 456 — Gávea — 22470-070
Rio de Janeiro — RJ — Tel.: +5521 2533-2508
www.gryphus.com.br — e-mail: gryphus@gryphus.com.br

Busque refúgio em si mesmo, mas antes de tudo esteja preparado para se receber. Não sabendo como se controlar, seria loucura confiar-se a si mesmo. Há modos de fracassar em solidão assim como em sociedade.

— MICHEL DE MONTAIGNE

Muitas vezes, deitado num torpor
Ou em estado de vaga reflexão,
Eles reluzem naquele olho interior,
Abençoando minha solidão;
Meu coração volta a se alegrar
E com os narcisos se põe a dançar.

— WILLIAM WORDSWORTH

sumário

Preâmbulo 9

Elogio à solidão 17

Apêndice: *Quatro oitos* 167

Glossário 175

Bibliografia 179

Agradecimentos 187

Índice 189

preâmbulo

Solidão é um conceito fluido, que vai das profundezas do isolamento ao êxtase místico dos santos. Em seu poema *La Fin de Satan*, o romancista Victor Hugo declara que "o inferno inteiro está contido em uma palavra: *solidão*". Mais tarde ele fez uma concessão: "A solidão é boa para as grandes mentes, mas ruim para as pequenas. Perturba os cérebros que não ilumina". Contudo, Hugo foi incapaz de ir tão longe quanto seu velho contemporâneo inglês William Wordsworth, para quem a solidão era uma "bênção" que enchia o coração de alegria. Evitando ao máximo seus extremos de inferno e bênção, irei aqui explorar o meio termo da solidão, que considero um estado de autonomia, admiração, contemplação, imaginação, inspiração e cuidado.

Tratarei da solidão como uma prática, um modo de vida – assim como entendida por Buda e também por Montaigne –, em vez de analisá-la como um estado psicológico destacado. Reconheço o isolamento e a alienação como os lados sombrios e trágicos da solidão. Entremeados em nossa condição mortal, eles são igualmente parte do que significa ser só, seja numa cela monástica, num estúdio de artista ou num casamento problemático. A solidão, assim como o amor, representa uma dimensão por demais complexa e primordial da vida humana para que possa ser capturada numa única definição. Não pretendo "explicar" a solidão. Procuro é revelar sua dimensão e profundidade, contando histórias de seus praticantes.

Este livro é uma exploração multifacetada daquilo que sustentou minha própria prática de solidão durante os últimos quarenta anos. Passar temporadas em lugares remotos, apreciar obras de arte e trabalhar com arte, praticar meditação e participar de retiros, tomar *peyote* e *ayahuasca*, além de treinar a mente para se manter aberta e questionadora, tudo isso contribuiu para minha capacidade de ficar só e à vontade comigo mesmo.

Em 2013 completei sessenta anos. Tirei um ano sabático do meu trabalho como professor de meditação e filosofia, e passei a maior parte do tempo viajando, estudando e fazendo colagens. Em janeiro, peguei um ônibus e fui de Bombaim a Bhopal para conhecer os antigos templos indianos entalhados na rocha; em março, assisti a um seminário no Centro de Estudos Budistas Barre em Massachusetts sobre o emergente campo do budismo secular; em outubro fiz uma peregrinação à Coreia do Sul para homenagear o trigésimo aniversário de morte do meu mestre zen, Kusan Sunim; e em novembro peguei um avião para o México, onde participei de um círculo de cura com Don Toño, xamã da tribo huichol.

No seminário do Centro Barre, o mestre e estudioso do *dharma* Gil Fronsdal apresentou seu trabalho sobre uma antiga escritura budista no idioma páli, chamada *Capítulo dos Oito* (*Atthakavagga*). Em sua forma direta, simples e austera, as 209 estrofes do *Capítulo dos Oito* captam as declarações vigorosas do Buda ao "vagar solitário como um rinoceronte" nos anos que antecederam a fundação de sua comunidade. Destituídos de terminologia budista, os versos defendem uma vida livre de opiniões e dogmatismo.

Fiquei muito impressionado com o *Capítulo dos Oito*. Intrigado com a possibilidade de que os quatro poemas de oito estrofes quase no início do texto pudessem ser o registro mais antigo dos ensinamentos de Buda, decidi traduzi-los para o inglês. Inspirado por seu ritmo e metáforas, tratei-os como poesia em vez de escrituras. Denominei minha tradução de *Four Eights* [*Quatro Oitos*].

Os *Quatro Oitos* inicia levantando a questão da própria solidão:

> A criatura oculta em sua cela –
> um homem afundado em paixões obscuras
> está a uma grande distância da solidão.
> QUATRO OITOS, 1:1

Traduzi o termo páli *guhã* como "cela", embora pudesse ser interpretado como "caverna" ou "esconderijo". *Guhã* também está ligado à palavra *guyha*, que significa "secreto/segredo". Podemos nos esconder e sentir seguros no interior escuro e silencioso de uma caverna. Da mesma forma, podemos nos refugiar naqueles lugares íntimos dentro de nós mesmos que parecem proporcionar tal proteção, onde podemos prosseguir com nossas vidas secretas, sós e imperturbáveis.

Numa carta à sua amiga Monna Alessa dei Saracini, a filósofa e mística Catarina de Siena escreveu:

> Construa duas casas para si, minha filha. Uma casa de fato, em vossa cela, para não teres que correr de um lado para outro a lugares diversos, a não ser por necessidade, por obediência à madre superiora ou a propósito de caridade; e outra, a casa espiritual, a qual deves levar sempre consigo – a cela do verdadeiro autoconhecimento, onde encontrarás dentro de ti o conhecimento da bondade de Deus.

A "criatura oculta em sua cela" não precisa ser uma freira meditando num convento. Poderia ser qualquer um que se sinta isolado e sozinho numa cidade movimentada e barulhenta. Contudo, qualquer uma dessas pessoas solitárias, estando consumida e paralisada pelas próprias ansiedades, estaria, segundo o autor dos *Quatro Oitos*, "a uma grande distância da solidão".

Há mais na solidão do que simplesmente estar só. A verdadeira solidão é um modo de ser que necessita de cultivo. Não se pode ligá-lo ou desligá-lo à vontade. A solidão é uma arte. É necessário um treinamento mental para refiná-la e estabilizá-la. Ao praticar a solidão, você se dedica ao cuidado da alma.

A noção de solidão, para aqueles que rejeitaram a religião em favor do humanismo secular, talvez sugira comodismo, egocentrismo ou solipsismo. Inevitavelmente, algumas pessoas são atraídas pela solidão de modo a escapar de responsabilidades e evitar relacionamentos. Mas para muitas ela proporciona tempo e espaço para desenvolverem a calma e a autonomia necessárias a um envolvimento eficaz e criativo com o mundo. Momentos de tranquila contemplação, seja diante de uma obra de arte ou ao observar a própria respiração, permitem que a pessoa repense o significado de sua vida e reflita sobre o que lhe é mais importante. A solidão não é um luxo para os poucos que dispõem de horas vagas. É uma dimensão inescapável de ser humano. Não importa se somos crentes devotos ou ateus devotos, na solidão confrontamos e exploramos as mesmas questões existenciais.

Meus relatos neste livro sobre a ingestão de psicodélicos em cerimônias xamânicas não devem ser interpretados como um endosso geral ao seu uso. Estou descrevendo uma jornada fundamentada na minha história pessoal e cultural que pode, ou não, ser pertinente ao leitor. Além disso, a maioria dos budistas consideraria a ingestão de *peyote* e *ayahuasca* como uma infração do preceito moral contra tóxicos e, portanto, incompatível com a prática do *dharma*. Um motivo central para escrever *Elogio à solidão* foi a tentativa de encontrar uma maneira mais construtiva de abordar o polêmico assunto das drogas em nossa sociedade altamente medicada. Como a atual epidemia de opiáceos nos Estados Unidos bem ilustra, instituições tanto seculares quanto religiosas lutam para encontrar formas de responder de modo inteligente e compassivo a essa crise. Em vez de basear uma resposta na oposição binária entre tolerância (má) e abstinência (boa), precisamos de uma compreensão mais informada e matizada sobre o modo de usar substâncias que modificam a consciência, o sentimento e o comportamento humanos. Ao enquadrar o uso de psicodélicos na prática da solidão, procuro integrá-lo a um discurso cultural mais amplo, que inclui meditação, terapia, filosofia, religião e arte.

Este livro surgiu das minhas andanças, explorações e estudos, mas foi moldado pela minha prática de fazer colagens com materiais encontrados ao acaso, algo que já dura vinte anos. Onde quer que eu vá, recolho pedaços de papel, tecido e plástico descartados que colo em papelão e depois recorto e organizo em mosaicos quadrados. Esse processo transforma porções aleatórias de lixo em obras de arte estruturadas por regras formais determinadas de antemão, fazendo de cada colagem uma combinação de acaso e ordem. *Elogio à solidão* foi concebido e executado de modo semelhante. Enquanto escrevia, eu já tinha em mente a estrutura métrica dos *Quatro Oitos* assim como a organização caótica dos *Ensaios* de Montaigne, as duas fontes de inspiração deste livro.

Montaigne observava que, na pintura, "às vezes a obra se desprende da mão do pintor, ultrapassando suas ideias e compreensão, levando-o a ficar impressionado e profundamente comovido". A graça e beleza de tais obras são alcançadas "não apenas sem a intenção do artista, mas também sem seu conhecimento".

Da mesma forma, "um bom leitor muitas vezes encontra nos escritos alheios preciosidades outras que as lá colocadas ou até percebidas pelo autor, dotando aqueles textos de mais significado e caráter". Ao compor este livro como uma colagem, procurei reduzir meu controle autoral, liberando assim o texto a encontrar a própria voz.

Minhas colagens são exercícios de composição e diferenciação. Conforme esse processo evoluía, fiquei fixado na questão de *como coisas diferentes são reunidas*. Um dos princípios que me orientam é o da não contiguidade. Isso significa não colocar dois pedaços cortados do mesmo material lado a lado na composição final, assim garantindo que cada peça da colagem fique o mais diferenciada possível das que a cercam. Esse processo faz com que cada peça se destaque vividamente em sua "solidão" da matriz da qual também é parte integral. Ao escrever este livro, empreguei o mesmo princípio. Nenhum de seus trinta e dois capítulos é precedido ou seguido de outro que trate do mesmo tema. E como a sequência dos capítulos é parcialmente determinada ao acaso, isso significa que, quando escrevia um capítulo específico, eu não tinha ideia de qual outro iria precedê-lo ou segui-lo no trabalho final. Portanto, cada capítulo tinha que ser escrito como uma peça autossuficiente. Ao abandonar qualquer continuidade lógica ou narrativa entre os capítulos, permito que temas e tópicos discrepantes do livro rebatam uns aos outros de maneiras surpreendentes e esclarecedoras.

Este projeto me fez voltar ao meu início como escritor. Meu primeiro livro, publicado em 1983, chamou-se *Alone with Others: An Existential Approach to Buddhism*[1]. Como ali colocado, eu ficava intrigado pelo paradoxo de "sempre nos encontrarmos

---

[1] *Solitário com os outros: uma abordagem existencial ao Budismo*. Sem tradução no Brasil. (N. da T.)

inevitavelmente *sós* e ao mesmo tempo inevitavelmente *junto com os outros*". Hoje reconheço que uma tensão estética comparável edificou meu trabalho de colagem. Utilizando a fenomenologia e o existencialismo ocidental, *Alone with Others* apresentou uma compreensão budista da realização humana ("o despertar") como a integração da sabedoria (*alone/só*) e da compaixão (*with others/com os outros*). Meu interesse pela solidão ainda é motivado pelo mesmo desejo de dar sentido a esse paradoxo básico da existência humana.

Ao mesmo tempo em que este livro reconta – às vezes explicitamente, outras de modo implícito – a história da minha luta interior com o budismo, e embora eu continue a utilizar fontes e temas dessa tradição, não considero *Elogio à solidão* um livro budista. Não estou interessado em apresentar uma interpretação budista da solidão. Quero é compartilhar o que praticantes da solidão, das mais variadas origens, disciplinas e tradições têm relatado com base em suas experiências.

Fazer sessenta anos, para os chineses, significa completar cinco ciclos dos doze anos do zodíaco. Cada ano de vida adicional é considerado um bônus, um presente. Na Coreia, as restritas convenções de comportamento da sociedade confuciana sofrem um relaxamento aos sessenta anos. É comum encontrar grupos de idosos trilhando os morros, cantando, bebendo *soju* e fazendo palhaçadas. Considero o período de cinco anos que levei para escrever este livro um presente. Espero não tê-lo desperdiçado.

Minha tradução dos *Quatro Oitos* está incluída como apêndice. Todo material originalmente em francês, páli e tibetano foi novamente traduzido para este livro pelo autor.

Stephen Batchelor
Aquitaine, França
JUNHO DE 2019

elogio à solidão

1

Mesmo nos longos dias de verão da Inglaterra rural, quando não escurecia antes das 22h, minha mãe insistia em mandar seus dois filhos para a cama cedo, o que eu considerava injusto e sem sentido. Incapaz de pegar no sono, eu fechava os olhos e imaginava meu corpo, debruçado, de pijamas, subindo e descendo as paredes do quarto, voando pelo teto e depois parando num ponto que eu escolhia. Eu não tinha dúvida de estar de fato naquelas localizações impossíveis em vez de deitado na cama. Executava essas manobras noite após noite e as levava muito a sério. Nunca contei a ninguém o que fazia. Eram exercícios realizados em pura solidão.

Outra contemplação durante aquelas noites insones era me concentrar num sabor que não fosse deste mundo. Esse sabor não era agradável nem desagradável, apenas totalmente diferente de qualquer outro que eu conhecia. Embora eu não soubesse de onde vinha, me era muitíssimo familiar. Agora eu consigo evocar uma leve e distante alusão àquele sabor.

Eu tinha sonhos recorrentes de estar voando. Com um mínimo esforço eu planava pelo ar, me arremessando e escalando como queria. As paisagens abaixo eram banhadas pela luz do sol, com detalhes vívidos e cheias de cores. Como sonhador, eu estava ciente de que aqueles sonhos eram mais reais que outros. Assim que o sonho de voo começava, meu eu sonhador se alegrava. Ao acordar, eu lembrava esses voos com a nostalgia de quem foi jogado num mundo de chumbo.

Às vezes, eu me esforçava ao máximo para parar de pensar. Meus fracassos constantes nesse intento me incomodavam. Eu era impotente diante da invasão implacável de pensamentos. Ou então eu retornava ao estado de vigília numa busca por momentos em que estivesse livre de preocupações. Quando eu me considerava "feliz", ficava ciente de uma leve sombra de ansiedade pairando por ali. Sempre havia algo que podia dar errado.

Essas foram minhas primeiras tentativas ingênuas, desorientadas, do que agora eu chamaria de meditação. Explorar as texturas e contornos da minha interioridade me habilitou a fugir do tédio e da solidão de uma criança insone e a descobrir a autossuficiência satisfatória da solitude. Thomas De Quincey falava desse "mundo interior, o mundo da autoconsciência secreta, na qual vivemos uma segunda vida, separada e somente dentro de si, colateral à outra vida em comum com os outros". Na escola eu ficava intrigado com o fato de que nenhum dos professores reconhecesse, muito menos comentasse, a presença dessa vida interior. Foi somente quando conheci monges budistas que encontrei, pela primeira vez, pessoas que estavam à vontade nesse reino e falavam abertamente sobre ele, sem constrangimento ou reserva.

2

Abraça o que percebes e atravessa a inundação.
O sábio é desapegado de posses —
tendo extraído a flecha, tenhas cuidado —
Não anseies por este mundo ou o próximo.

QUATRO OITOS, 1:8

Em 1570, aos trinta e sete anos, Michel de Montaigne vendeu seu cargo de conselheiro no Parlamento de Bordeaux, posto que ocupava há treze anos, para se dedicar a uma vida solitária. Ele transformou uma torre fortificada de três andares em sua propriedade senhorial num refúgio. O térreo servia de capela, o andar do meio de aposentos e o de cima de biblioteca. O sótão acima da biblioteca guardava o sino da propriedade. "Todos os dias, ao amanhecer e entardecer," ele escreveu, "um grande sino toca a Ave Maria. Esse barulho estremece minha torre".

Montaigne inscreveu sua intenção numa parede: "retirar-me e deitar a cabeça no colo das Virgens Sábias, onde, em calma e serenidade, passarei o resto dos meus dias". Aliviado das pressões do funcionalismo público, ele se dedicaria à liberdade, tranquilidade e lazer. Isso foi mais fácil dizer do que fazer. "O maior serviço que eu poderia realizar por minha mente", ele havia pensado, "seria deixá-la em completa ociosidade, tomando conta de si mesma, para que parasse e se acomodasse". Mas,

> como um cavalo fugido, galopando para todo lado, nasceram monstros estranhos, fantásticos, um após outro, sem ordem ou projeto.

Incapaz de lidar com essa turbulência, ele caiu em depressão. Conseguiu sair desse estado através de cuidadosa observação e análise de sua vida interior, a qual escreveu na esperança de "fazer com que minha mente se envergonhe de si mesma". Assim iniciou-se sua carreira de filósofo e ensaísta.

A turbulência não estava apenas confinada à sua mente. Assolava todo seu entorno. Oito anos antes, em 1562, um sangrento conflito civil entre católicos e protestantes irrompeu na França. A província de Guiena, onde ele morava, era um dos principais centros dessas guerras religiosas e ficaria conflagrada intermitentemente pelo resto da vida dele. No primeiro ano de violência, a igreja de Montcaret, que ficava nas imediações, foi destruída por tropas católicas na batalha para recuperá-la dos protestantes. A igreja de Saint-Michel-de-Montaigne, a cinco minutos de sua casa, foi destruída num incêndio. "O lugar onde resido", ele escreveu, "sempre é o primeiro e o último a ser bombardeado por nossos problemas". Ele conta que muitas vezes ia dormir imaginando que seria "traído e morto a cacetadas naquela mesma noite".

Durante o primeiro verão de Montaigne na torre, o rei Carlos IX e sua mãe, Catarina de Médici, desencadearam o massacre da noite de São Bartolomeu. Temendo uma insurreição para vingar a tentativa de assassinato do protestante Almirante de Coligny, eles ordenaram o assassinato de todos os líderes protestantes de Paris. A violência irrompeu na multidão e católicos enfurecidos atacavam os protestantes. A carnificina se espalhou por outras doze cidades da França, inclusive Bordeaux. Cerca de dez mil protestantes foram massacrados.

Montaigne admite que na juventude ele talvez ficasse tentado a "compartilhar os riscos e desafios" da Reforma. Inspirado por figuras como o humanista cristão Erasmo, ele abraçou o ressurgimento da razão e a filosofia clássica que caracterizava a Renascença. Seu melhor amigo, Étienne de La Boétie, era o autor de *Servidão voluntária*, um discurso sobre a natureza tirânica dos governos. A pedido de seu pai, Montaigne havia traduzido *Teologia natural*, uma obra em latim do médico e filósofo catalão do século XV, Raymond Sebond. Sebond defendia uma compreensão de Deus a partir de observações do mundo natural, reconciliando assim as exigências de fé e razão, religião e ciência.

Um ano após a eclosão da guerra civil, Étienne de La Boétie morre de disenteria aos trinta e três anos. Montaigne ficou arrasado. Seu amor por Étienne era um pilar intelectual e emocional em sua vida. Ele descreve a amizade deles como uma em que "as almas se mesclam e combinam em união tão perfeita que a costura que as reúne apagou-se e não é mais vista". La Boétie deixou em testamento para Montaigne seus livros e eles se tornaram o centro da biblioteca da torre. Boétie se tornou eternamente, imagino, o leitor implícito dos *Ensaios*.

Em homenagem à memória do amigo, Montaigne pretendia incluir *Servidão voluntária* no primeiro volume de seus ensaios. Abandonou a ideia ao saber que a obra já havia sido publicada "com uma finalidade nociva, por aqueles que procuram indispor e mudar o estado do nosso sistema político, sem se importar se isso representará uma melhora". Destino semelhante sucedeu à sua tradução de *Teologia natural*, de Raymond Sebond, que também encontrara preferência entre os pensadores protestantes. Isso resultou no ensaio mais longo de Montaigne, um *mea culpa* do tamanho de um livro chamado *Apologia de Raymond Sebond*, no qual ele rejeita a crença de Sebond no poder redentor da razão e o substitui por uma filosofia de ignorância radical e fé incondicional.

Montaigne estudou, pensou e escreveu por dez anos em sua torre. A primeira edição de *Ensaios*, em dois volumes, foi publicada em 1580 em Bordeaux. Ele tinha quarenta e oito anos. Como convinha a um *seigneur* leal, ele imediatamente foi a Paris para oferecer um exemplar ao novo rei, Henrique III. Deixando uma impressão favorável na corte, encetou uma viagem que o levou a Suíça, Alemanha, Áustria e grande parte da Itália. Chegou a Roma no final de novembro.

Montaigne foi a Roma para disponibilizar-se na substituição do embaixador francês, que estava deixando a corte do Papa Gregório XIII. Como cavaleiro da Câmara do Rei da França, católico devoto, acadêmico fluente em latim e agora filósofo e homem de letras, ele se adequava ao cargo. Como também era cavaleiro da Câmara do jovem rei protestante Henrique de Navarra (que também era governador da Guiena e segundo na linha de sucessão ao trono francês), Montaigne seria um valioso mediador entre os dois lados das guerras religiosas. Ele alugou acomodações espaçosas, visitou os pontos históricos, teve uma audiência com o Papa e submeteu os *Ensaios* à aprovação das autoridades papais. Depois esperou pacientemente pela carta proveniente de Paris que decidiria seu destino.

"Ambição", ele escrevera em seu ensaio "Sobre a solidão", incluído no livro agora sob escrutínio do Palácio Apostólico, "é o humor mais em desacordo com o retiro. Fama e repouso não podem compartilhar o mesmo alojamento". Ele criticava o estadista Plínio e também Cícero por tratarem a solidão como uma criteriosa aposta profissional, um modo de impressionar os outros com sua erudição e refinamento filosófico. Esses cavalheiros, ele observou, "têm somente os braços e as pernas fora da sociedade: suas almas e pensamentos permanecem mais ligados a ela do que nunca. Só recuaram para conseguir dar um salto melhor". O renome mundano, ele declarou, "está muito distante dos meus cálculos".

3

Três meses depois de tornar-me monge, parti para os pés do Himalaia, rumo a Dharamsala. Eu tinha vinte e um anos. Dentro de minha mochila havia um saco de dormir, lona para o chão, toalha, chaleira, tigela, caneca, dois livros, maçãs, alimentos secos e cinco litros de água. As monções tinham recém acabado: o céu estava cristalino, o ar limpo e a folhagem exuberante. Depois de umas três ou quatro horas, abandonei o caminho conhecido e segui as trilhas abertas pelos animais por encostas íngremes, pouco arborizadas, até alcançar o platô gramado, oculto por grandes pedras e protegido por galhos, que eu identificara numa incursão anterior.

Inspirado por histórias de eremitas indianos e tibetanos, eu queria saber como seria ficar isolado de todo contato humano, sozinho e desprotegido. Eu ficaria ali até que meu parco suprimento de comida e água permitisse. Ninguém sabia onde eu estava. Se eu caísse e quebrasse uma perna, se fosse picado por uma cobra ou atacado por um urso, era improvável que fosse encontrado. Mesmo na altitude daquele ninho ainda se conseguia ouvir buzinas tocando e as engrenagens estridentes dos ônibus e caminhões lá embaixo, algo que eu considerava uma afronta.

Eu acordava com o saco de dormir coberto de orvalho. Depois de urinar e meditar, acendia um fogo, fervia água, fazia um chá, depois misturava farinha de cevada tostada e leite em pó na água para formar um mingau grosso. Esse era meu desjejum e almoço – seguindo as regras monásticas, eu não comia à noite.

Minhas meditações incluíam as *sādhanās* que fizeram parte da minha iniciação, nas quais eu me visualizava como o furioso Yamāntaka fálico com cabeça de touro, ou a deusa vermelha menstruada Vajrayogini. Essas práticas tântricas eram alternadas com uma hora de diligente "varredura" do meu corpo, da cabeça aos pés, observando com precisão suas sensações e sentimentos passageiros. Quando não estava comendo ou meditando, eu entoava a tradução de Shantideva do *Compêndio de treinamento*, uma antologia sânscrita dos discursos do budismo *mahāyāna*, que eu prometera recitar inteirinho enquanto estivesse ali.

"Nunca houve um Buda", declarava o texto, "nem haverá no futuro, como não há agora, que pudesse alcançar a mais elevada sabedoria enquanto permanecesse na vida doméstica. Renunciando a um reinado como se fosse catarro, deve-se viver nas matas apaixonado pela solidão... Como as ervas e os arbustos, as plantas e as árvores que nada temem nem se apavoram, o *bodhisattva* que habita na floresta deve encarar seu corpo como se fosse aquelas ervas e arbustos, plantas e árvores, como se fosse madeira, o gesso da parede, uma aparição..."

O *Compêndio de treinamento* dá instruções sobre o próprio uso. Uma vez instalado na floresta, o monge deve "recitar o que já leu antes três vezes à noite e três vezes ao dia num tom não muito alto nem muito baixo, sem agitação dos sentidos, sem divagar em pensamento, em plena tranquilidade, deixando de lado a indolência". Sem inibição, deixo essas palavras soarem no silêncio das ravinas e do vento.

Ainda tenho meu exemplar desse livro marrom desbotado de capa dura. Pelo selo roxo manchado da Piccadilly Book Stall, presumo que o comprei em Délhi no início da década de 1970. Está aberto diante de mim agora. O cheiro picante mofado que associo a livros indianos daquela época invade minhas narinas. Sou levado de volta à floresta, ao meu jovem ser de túnica vermelha sentado no chão de pernas cruzadas, recitando com seriedade as palavras de Shantideva num lugar "sombreado pelas árvores, com flores, frutos e folhas, sem o perigo de cães raivosos, onde há cavernas e encostas, fácil de atravessar, tranquilo, incomparável".

Atualmente, o que permanece daquela solidão é a lembrança do vasto panorama das planícies do Punjab, do imenso arco do firmamento e do abraço das montanhas que acolhiam esse frágil ponto de autoconsciência. Certa vez, um fabuloso pássaro multicolorido lançou-se dos penhascos abaixo, flutuou no ar por um instante e sumiu de vista. Um pastor e suas cabras quase me descobriram numa tarde. Dei uma espiada através das folhas e vi os animais pastando e o homem esguio, queimado de sol, vestindo uma túnica rústica, deitado numa pedra.

Exaurido de suprimentos e tendo recitado o texto, voltei para o meu quarto na aldeia de McLeod Ganj lá embaixo. Naqueles cinco dias na montanha eu adquiri um gosto pela solidão que permanece comigo desde então.

Elogio à solidão

4

TEPOZTLÁN, MÉXICO, NOVEMBRO 2013
Nacho, seu filho Nacho e eu entramos num Mitsubishi Pajero, deixamos o vilarejo e subimos os morros verdes que cercam a antiga cidade indígena de Tepoztlán. Não comi quase nada o dia todo e estou meio zonzo. No caminho, pegamos o *mará'akame*, Dom Toño, e seus aprendizes: Andrés, José Luis e Raul. Paramos numa sede de fazenda na aldeia de San Juan para pegar uma *metate*, uma placa retangular que parece ser de pedra pomes escura. A conversa animada sugere que aquele é um objeto importante, mas não consigo imaginar por quê.

Quando viramos numa íngreme estrada de terra na floresta, já é noite. O SUV derrapa e geme com as rodas girando em vão na lama misturada com folhas. Desembarcamos e tentamos empurrá-lo morro acima, mas sem sucesso. Então, descarregamos cobertores, ponchos, sacolas de compras bojudas e a *metate*, dividimos a carga e seguimos em frente, guiados pelo raio oscilante de uma lanterna. Pode-se ver nossa respiração condensada no ar úmido.

Chegamos a uma clareira onde há uma estrutura simples, de construção rudimentar. Postes de madeira em círculo apoiam um telhado pontudo de chapas de ferro ondulado. À parte de um muro baixo em volta, o espaço é aberto aos elementos. No meio do chão de terra batida há um buraco cheio de cinzas e restos de carvão. Largamos o carregamento e saímos para catar lenha para a cerimônia.

Ninguém parece apressado. Os outros conversam, brincam e fumam cigarros. Leva cerca de uma hora para carregarmos galhos e toras suficientes até o espaço circular e começarmos a fazer a fogueira. O *mara'akame* estende uma coberta, senta-se e começa a tirar as coisas das sacolas. Vejo aparecer em volta dele instrumentos com penas, um chapéu com borlas, tambores, caixas de velas baratas, xícaras e, finalmente, um pacote cuidadosamente embrulhado num pano branco.

Com o conteúdo de outra sacola, Andrés construiu uma espécie de altar. Diante de uma gravura barata da Madona de Guadalupe, ele coloca velas e laranjas e nos convida a colocar os textos que tinham nos pedido para preparar. Naquela manhã, eu havia copiado a mão o terceiro poema dos *Quatro Oitos*. "O sacerdote sem fronteiras", diz o verso final,

> não se agarra ao que viu ou conheceu.
> Sem fervor, sem falta de fervor,
> ele nada postula como definitivo.
> QUATRO OITOS, 3:8

Espero me manter fiel a esse sentimento. Com o máximo de reverência que consigo reunir, coloco a folha dobrada diante da Madona.

Don Toño gesticula para nos aproximarmos. Ele é um homem moreno e atarracado como muitos camponeses que já vi em outras partes do México. Sob a luz amarelada de um lampião, ele desembrulha o pacote de tecido e vejo meia dúzia de cactos frescos de *peyote* que ele e Andrés haviam colhido no deserto no dia anterior. Cada *lophophora williamsii* gordo e fosco tem uns dez centímetros de diâmetro e é composto por seis segmentos simétricos. O *mara'akame* os abre com uma faca e passa os pedaços. Mostra ao recém-chegado, eu, como extrair as fibras entranhadas na carne do cacto. Realizada essa operação trabalhosa, cada pedaço é esmagado com uma pedra cilíndrica na *metate*, em cuja base uma parte afunilada deixa o suco correr para uma tigela.

O suco é diluído em água e, sem qualquer cerimônia, servido em copos de plástico descartáveis. Cada pessoa pega um. Seguindo os outros, eu tomo a bebida até o copo ficar vazio e recolho com os dedos o restante dos filamentos da carne. Seu sabor é levemente amargo, mas não desagradável. Sinto o líquido frio se acomodar em meu estômago vazio.

O *mara'akame* me pergunta sobre meus motivos para participar dessa reunião. Digo-lhe que completei sessenta anos e quero fazer um balanço da minha vida, dar uma recuada e refletir sobre o que realizei nos últimos quarenta anos como discípulo, praticante e professor de budismo. Para tanto, decidi revisitar minha experiência com psicodélicos, algo que me influenciou quando eu era jovem e me levou ao *dharma*. Agora estou interessado em tomar essas substâncias no contexto de uma cerimônia religiosa, sob a orientação de um xamã, na companhia de outras pessoas, em vez de simplesmente engolir uma pílula, sozinho ou com amigos.

Ficamos num círculo em volta da fogueira. A chama crepitante ainda não está gerando muito calor. Sento-me de pernas cruzadas, coberto por um poncho vermelho de lã rústica e trama fechada. A certa distância, o *mara'akame* se deita no chão, puxa um cobertor azul e adormece. O jovem Nacho começa a tocar um ritmo simples num tambor.

Nas duas primeiras horas, ou menos – estou sem relógio e sem muita noção da passagem do tempo – estou convencido de que não está acontecendo nada. Sinto uma leve indigestão, o que provoca alguns arrotos com o gosto do cacto amassado. Sim, experimento certa imobilidade e clareza, mas não mais do que se tivesse passado aquele mesmo tempo meditando, que é justamente o que estive fazendo. Olhando em volta, ninguém parece perturbado. Eles conversam em voz baixa, dão umas voltas para esticar as pernas, tocam um pouco de tambor. Justifico minhas preocupações à inexperiência que tenho com essa nova planta medicinal.

5

sobre a solidão

michel de montaigne

passagens escolhidas dos ensaios

Foi um humor melancólico, portanto do tipo muito contrário à minha natureza, produzido pelo desgosto da solidão em que me lancei alguns anos atrás, que pela primeira vez me pôs na cabeça esse devaneio de me envolver com a escrita.

Hoje acredito que a única finalidade da solidão é para que se viva com mais prazer e mais à vontade consigo mesmo.

Por natureza não tenho aversão às cortes: passei parte da minha vida nelas e estou acostumado a fazer meu trabalho com contentamento nesses agrupamentos – desde que seja apenas ocasionalmente e quando me convêm.

No entanto, minhas impertinências forçosamente me levam à solidão. Em casa, com uma vida doméstica movimentada, com muitas visitas, vejo muita gente, mas raramente aqueles com quem adoro conversar.

Ao nos livrarmos do tribunal e do mercado não nos livramos das principais preocupações da vida. Ambição, cobiça, indecisão, medo e desejos dificilmente nos abandonam somente porque mudamos de endereço. Esses sentimentos nos perseguem nos mosteiros e até nas escolas de filosofia. Nem desertos, cavernas, camisas de cilício ou penitência conseguem extirpá-los de nós.

É por isso que não basta nos afastarmos das pessoas ou ir para outro lugar. O que precisamos fazer é nos afastarmos dos hábitos do populacho que existem em nós. Precisamos isolar nosso eu e retorná-lo à nossa posse. Carregamos nossas correntes dentro de nós; não somos inteiramente livres. Estamos constantemente voltando o olhar para as coisas que deixamos para trás; e sempre fantasiamos a respeito.

Nosso padecimento controla a alma, que não consegue se libertar. Portanto, é preciso trazê-la e retorná-la a si mesma. Essa é a verdadeira solidão: pode ser desfrutada na cidade ou na corte real, mas mais convenientemente à parte.

A solidão que amo e defendo trata basicamente de me trazer de volta minhas emoções e pensamentos, de restringir e controlar não meus passos, mas meus desejos e minha ansiedade, de recusar a preocupação com as coisas externas e de fugir da vida de servidão e obrigações: retirando-me não tanto da multidão humana, mas da multidão dos negócios humanos.

O filósofo Antístenes brincava que o homem deveria ter posses que flutuam, de modo a conseguirem escapar do barco afundando com ele.

É claro que devemos ter esposas, filhos, posses e, acima de tudo, saúde: mas não devemos nos apegar a ponto de que nossa felicidade dependa disso.

Que essas coisas sejam nossas, mas não tão coladas e associadas a nós a ponto de não conseguirmos nos desapegar delas sem arrancar a própria pele no processo. A maior coisa do mundo é saber como ser para si mesmo.

Devemos separar um cômodo nos fundos da loja, somente para nosso uso, bem isolado, onde, como principal retiro para nossa solidão, estabelecemos nossa verdadeira liberdade. Lá, devemos retornar à nossa conversa usual conosco mesmos – em privacidade, sem contato ou comunicação com nada externo – onde podemos tagarelar e rir conosco mesmos como se não tivéssemos esposa, filhos, posses, assistentes ou camareiros. Assim, quando chegar a hora de perder essas coisas, não nos será novidade ficar sem elas.

Temos uma alma que consegue voltar-se para si mesma; ela sabe se fazer companhia. Tem os meios para atacar e se defender, para dar e receber. Não se preocupe, a solidão não irá curvá-lo de tédio.

Devemos fazer como aqueles animais que apagam as próprias pegadas na entrada de suas tocas. Que o mundo fale de você não devia mais interessá-lo; seu único interesse deveria ser o modo como você fala consigo mesmo.

Busque refúgio em si mesmo, mas antes de tudo esteja preparado para se receber. Não sabendo como se controlar, seria loucura confiar-se a si mesmo. Há modos de fracassar em solidão assim como em sociedade.

Quando danço, eu danço; quando durmo, eu durmo. Quando estou andando sozinho por um belo pomar, às vezes meus pensamentos se ocupam com o que está acontecendo alhures, noutras eu os trago de volta ao andar, ao pomar, à doçura daquela solidão e a mim mesmo.

Para falar a verdade, a solidão confinada amplia meus horizontes e me expande para fora: lanço-me nos negócios de estado e no vasto mundo com mais vontade quando estou só.

6

Sem notar como ou quando, me encontro num estado alterado de consciência. Minha atenção está sutil, mas pronunciadamente intensificada. Extasiado, eu sinto ondas elétricas percorrerem meu corpo, me fazendo espreguiçar e gemer. Minha coluna se endireita, como que para otimizar a contemplação que toma conta de mim. Já não preciso me concentrar; acontece por conta própria. Distrair-me não é uma opção; todos os pensamentos aleatórios cessaram. Estou intensa e silenciosamente consciente, olhando para o coração laranja e pulsante do fogo.

Gentilmente, Andrés acorda o *mara'akame*. Don Toño senta-se, põe o chapéu de abas largas cujas borlas balançam diante de seus olhos, pega um tambor e começa a entoar um cântico assombroso ao ritmo da percussão. Há uma beleza e comoção hipnóticas em tudo que ele canta com sua voz anasalada. Algo ancestral e pesaroso ressoa através de suas palavras no idioma huichol. Andrés acende um cigarro e o coloca entre os lábios de Don Toño. O *mara'akame* dá uma longa tragada e continua tocando o tambor. Depois se deita novamente e volta a dormir. Esse ritual é repetido várias vezes durante a noite.

Nacho, o filho, sussurra ao meu ouvido: "Qual é o nome do seu avô?" Eu digo, "Alfred". Ele diz: "O fogo é seu avô. A Madona, sua avó". Pressinto que isso é uma dica para que eu faça algo. Não entendo o que ele quer dizer e não sinto necessidade de fazer perguntas. Imerso em minha solitude, divinamente separado de todos e ao mesmo tempo muito ciente de sua presença e de como ela me sustenta.

Raul, um jovem operário com uma densa barba preta por fazer, fica de pé. Prepara-se, cospe no fogo várias vezes e se lança numa confissão ardorosa. Envolve o corpo com os braços, fica balançando sem firmeza, lamenta-se e chora enquanto uma torrente de palavras se projeta para fora. A certa altura ele faz menção de vomitar nas chamas, mas sem sucesso. Andrés chega e varre o corpo de Raul da cabeça aos pés com penas atadas a uma vara curta que depois sacode diante do fogo como se estivesse dissipando gotas de água.

Não me comovo com essa inesperada demonstração emocional, mas também não fico dissociado dela. Sinto-me profundamente transparente e puro por dentro, mas mesmo assim unido a Raul em sua confissão.

"Vá falar com seu avô", instiga Nacho, o filho. Eu o ignoro.

Uma caneca lascada de esmalte aparece nas brasas à beira do fogo. Nós a pegamos e nos revezamos para tomar goles de uma bebida marrom que aquece e acomoda meu estômago. O sabor é familiar, mas estranho. Descubro que é chocolate quente misturado com *peyote* seco. Não sei dizer se essa dose adicional faz algum efeito. Tais questões já não me interessam. A única coisa que importa é a intensidade concentrada do momento, a lucidez aguçada dos sentidos, o silêncio extático.

A percussão, agora mais coordenada, é acompanhada de dança. Andrés tira a camisa, se contorce e gira ao lado do fogo, o torso magro suado brilhando com as chamas. Senta-se ao meu lado. Numa mistura de inglês e francês, pergunto: "Se o *peyote* é um remédio, que doença ele cura?" Ele responde: "Um coração fechado".

Quando voltamos a Tepoztlán no fim daquela manhã, a noite passada em volta do fogo assumiu uma qualidade onírica. Uma maior lucidez e imobilidade mental permanecem comigo. O mundo continua parecendo luminoso e brilhante. A sensação é de ter limpado meus sentidos, sistema nervoso e células cerebrais. Passam-se várias semanas até que o efeito da planta desapareça.

Será que foi somente a mescalina do *peyote* que produziu isso? Será que eu teria tido a mesma experiência se tivesse tomado exatamente a mesma dose na minha sala, sozinho, ouvindo Bach? Será que os últimos quarenta anos de prática do *dharma* fizeram diferença? Desconfio que o amassar dos cactos, o Fogo Avô, os cânticos, as confissões, a oferta de um poema à Madona, sentar de pernas cruzadas em meditação, o silêncio que observei, jejuar no dia anterior, meus motivos para participar da cerimônia, tudo teve seu papel.

Aos poucos, passo a entender como a cerimônia serviu de afirmação existencial para o que eu havia feito e estou fazendo da minha vida. Por algumas horas, na linguagem de Carlos Castañeda, a cerimônia havia "parado o mundo" e me permitido "ver". Em termos budistas, me deixou "observar" o "interromper da reatividade" e residir na "imortalidade". Sem qualquer necessidade de ser formulada em conceitos ou palavras, confirmou que a vida que eu escolhera como escritor, artista e professor era apropriada. Dei-me conta de que, se eu morresse agora, deixaria este mundo sem arrependimentos.

Dezoito meses depois, recebi um *e-mail* de Nacho, o pai. "Durante uma sessão de meditação dois dias atrás", ele começa, "dei-me conta pela primeira vez do quanto o silêncio é belo. E devo dizer que aprendi muito com você sobre isso, especialmente quando estávamos em Tepoztlán e você começou a ficar quieto, cada vez mais, tanto que chegou a ser desconfortável, até que quase todos nós ficamos quietos e eu entendi". Durante todo o tempo eu tinha interpretado o comentário de Andrés sobre "um coração fechado" como uma leve censura por eu não ter participado mais ativamente da cerimônia. Agora não tenho tanta certeza.

7

DELFT, REPÚBLICA HOLANDESA, POR VOLTA DE 1656
Adormecida, a jovem está sentada à mesa de jantar, a cabeça apoiada no braço direito. À sua frente jaz um prato de frutas, um decantador fechado e uma taça de vinho caída na toalha. Por uma porta semiaberta atrás dela posso ver outro cômodo. Seja quem for que estava ali há pouco tempo, já partiu, deixando a moça sozinha com seus sonhos e devaneios. Se foi um amante que acabou de sair correndo, derrubando a taça, o rosto dela mostra apenas cansaço.

Johannes Vermeer retornava constantemente a cenas de solidão doméstica. De pé numa cozinha, uma mulher serve o leite de uma jarra de cerâmica numa tigela sobre a mesa, tendo os olhos e o corpo em alinhamento perfeito para que o fio de líquido branco encontre seu destino. Ela está serenamente concentrada na realização de uma tarefa cotidiana. Como ela, eu também sei o que é servir leite de uma jarra e estar consciente desse ato.

Nessa mesma época, Johannes também pintou uma cena de rua em Delft, a cidade onde nasceu, viveu e morreu. Devia ter quase trinta anos, era casado e com uma família em franca expansão. Uma mulher está sentada no vão de uma porta, bordando; duas crianças estão sentadas na calçada, de costas para quem vê a tela – talvez estejam girando um pião ou brincando com um gato – e num beco ao lado, inclinada, uma criada varre o chão. Esses instantes humanos quase se perdem em meio à alvenaria de tijolos vermelhos lascados, o céu nublado e a rua de paralelepípedos. Absortas em suas tarefas, essas pessoas habitam seus mundos particulares, indiferentes umas às outras.

Sentada atrás de uma mesa, uma mulher afina um alaúde. Seus olhos estão voltados para uma janela, mas sua atenção divaga. Eu a observo escutando um som que somente ela consegue ouvir. Uma mulher está de pé ao lado de uma mesa onde há uma jarra prateada numa bandeja. Com a mão esquerda ela segura a alça da jarra e com a direita abre uma janela. Acha-se em meio movimento, posando para receber a luz do sol. Uma mulher de bata azul segura uma carta com as duas mãos. Uma luz pálida revela seus olhos ávidos e lábios entreabertos enquanto ela digere o significado das palavras.

Vermeer capta a essência do que é ser humano. Mostra como é, para cada uma dessas mulheres, estar numa conversa silenciosa e inocente consigo mesma. O filósofo romeno Emil Cioran chamou Vermeer de "mestre da intimidade e dos silêncios confidenciais", que "suaviza o impacto da solidão numa atmosfera de interiores familiares". Essas mulheres não são freiras nem eremitas. Estão em breve repouso num mundo de conforto burguês e rotinas domésticas. Estão sós, mas não parecem solitárias.

Entre o indicador e o polegar da mão direita, uma mulher segura um par de delicadas balanças acima de uma mesa. Os dedos da mão esquerda descansam no tampo da mesa. Duas caixas abertas, uma fita amarela, colares de pérolas e moedas de ouro encontram-se espalhadas na superfície. Seu olhar repousa nas balanças vazias. Ela mostra um tênue sorriso. Suas feições mudas estão banhadas de uma claridade que não se explica pela luz fraca que entra pela janela acortinada. Essa madona secular parece indiferente às riquezas diante de si.

A tranquilidade interior dessas mulheres se revela tanto pela harmonia na composição da pintura, suas cores suaves e jogos de luz como pelas expressões faciais ou posições do corpo. Não há nada de estático nessa solidão. Um realismo quase fotográfico captura a figura bem na passagem entre o que acabou de acontecer e o que está por vir. Entrevejo um episódio passageiro de uma história desconhecida. Essas obras não têm linhas duras nem contornos. Vermeer usava a técnica do *sfumato*: embaçava as bordas, onde uma cor (de uma manga) funde-se imperceptivelmente numa outra (de uma parede). Esse esfumaçamento aumenta a ilusão de profundidade e intensifica o escoar do tempo.

Experimentando um colar de pérolas, uma jovem de casaco amarelo debruado de arminho se olha no espelho. Eu a observo se observando e sinto seu encanto consigo mesma. Outra jovem, com o mesmo casaco, está sentada a uma mesa escrevendo uma carta com uma pena. Olha para o lado em meio a pensamentos, procurando pela palavra ou frase certa. Eu a vejo pensando. Uma moça curvada sobre a mesa de trabalho está imersa na costura de um pedaço de renda. Compartilho sua alegria silenciosa fazendo aquele trabalho. Essas mulheres são autossuficientes em sua solidão, cada uma de bem consigo e com o que lhe coube na vida.

Os cidadãos da República Holandesa do século XVII eram bastante prósperos, podiam pagar por pinturas que transmitiam o lazer refinado a que aspiravam. As cenas de contentamento doméstico também serviam de distração e consolo para uma realidade instável e violenta. Em 1654, quando Vermeer tinha vinte e dois anos, trinta toneladas de pólvora explodiram em Delft, arrasando um quarto da cidade, tirando a vida de mais de cem pessoas (inclusive a de seu colega artista Carel Fabritius, pintor de *O Pintassilgo*) e deixando milhares de feridos. Em 1672, ano conhecido como *rampjaar*, os holandeses estavam simultaneamente em guerra com a França, a Inglaterra e com os príncipes-bispos de Münster e Colônia. Como medida defensiva contra invasões, eles abriram os diques e inundaram as terras baixas, o que precipitou um colapso econômico generalizado. A viúva de Vermeer, Catarina, registrou que a partir de então seu marido não conseguiu mais vender nenhuma obra. Ele morreu subitamente três anos depois, de causa desconhecida, aos quarenta e três anos, deixando onze filhas.

Além de trinta e cinco pinturas sobreviventes e menções superficiais em registros paroquiais, legais e comerciais, nada sabemos sobre Johannes Vermeer. Apesar de seu naturalismo, suas obras não mostram o que Vermeer via, mas sim o que seus patronos, ou clientes, queriam que víssemos. Agora, sempre que estudo suas pinturas em museus desde Viena até Nova York, eu me flagro procurando por Vermeer ali. Ele deve ter ficado de pé, sentado ou andado de um lado para o outro diante dessas telas em seus suportes de madeira. Esses objetos do mundo dele tornam-se parte passageira do meu. Ele fabricava essas coisas, inquietava-se por causa delas, sofria com elas. Ao olhar para essas mulheres solitárias, eu as vejo vendo ele. Seus rostos tornam-se o espelho no qual ele está refletido.

8

sobre *mindfulness*[2]

gautama, o buda

passagens escolhidas do cânone páli

Se algum membro de outra tradição perguntar, "como é que o Gautama andarilho se abrigou durante os três meses chuvosos de seu retiro?", diga: "Durante as chuvas, amigo, ele se abrigou basicamente no recolhimento, aquele proporcionado pela plena atenção à respiração".

Se alguém pudesse dizer tudo sobre alguma coisa: "Esta é uma nobre moradia, uma moradia sagrada, esta é a moradia da

---

2 Atenção plena (N. da T.)

pessoa verdadeira", estaria se referindo ao recolhimento proporcionado pela plena atenção à respiração.

∼

O praticante vai para uma floresta, fica embaixo de uma árvore ou numa cabana vazia. Senta-se, cruza as pernas, endireita as costas e fixa toda a atenção na abertura da boca e das narinas. Atentamente, ele inspira, atentamente, expira. Inspirando profundamente, ele sabe: "Estou fazendo uma inspiração profunda"; expirando profundamente, ele sabe: "Estou fazendo uma expiração profunda". Inspirando superficialmente, ele sabe: "Estou fazendo uma inspiração superficial". Expirando superficialmente, ele sabe: "Estou fazendo uma expiração superficial". Ele treina assim: "Sentindo o corpo todo, vou inspirar. Sentindo o corpo todo, vou expirar". Ele treina assim: "Vou inspirar, acalmando minhas inclinações corporais. Vou expirar, acalmando minhas inclinações corporais".

Assim como um torneiro habilidoso ou seu aprendiz, ao fazer uma peça longa, sabe: "Estou fazendo uma peça longa", e ao fazer uma peça curta, sabe: "Estou fazendo uma peça curta", o praticante também sabe quando inspira profundamente: "Minha respiração está profunda", e quando inspira superficialmente, ele sabe: "Minha respiração está superficial".

Desse modo, ele vive contemplando o corpo como um corpo internamente, externamente e ambos, interna e externamente. Ou contemplando os fenômenos corporais conforme eles surgem, somem, e ambos, ao surgirem e sumirem. Ou então a lembrança "Isto é um corpo" estabelece-se nele, apenas o necessário para o simples conhecimento e atenção plena.

Quando está caminhando, ele entende: "Estou caminhando"; quando está de pé, ele entende: "Estou de pé"; quando está sentado, ele entende: "Estou sentado"; quando está deitado, ele entende: "Estou deitado"; ou entende qualquer posição que seu corpo assumir.

Novamente, ele é aquele que age com total consciência quando está indo e voltando, quando está olhando para frente e para outro lado; quando flexionando e estendendo os membros; quando vestindo seu manto e carregando sua tigela; quando come, bebe e saboreia; quando evacua e urina, quando caminha, quando está de pé, sentado, adormecendo, acordando, falando e silenciando.

Assim sendo, ele vive de modo independente, sem se agarrar a nada deste mundo. É assim que uma pessoa vive contemplando o corpo como um corpo.

9

Em todas as culturas através da história os seres humanos se medicaram para administrar a própria solidão. Para esse fim, procuraram, prepararam, refinaram e ingeriram uma vasta gama de substâncias que vai do açúcar ao café, do tabaco à vodca, da aspirina à heroína, da *cannabis* ao *peyote*. Essas plantas medicinais fazem a pessoa se sentir melhor dentro de si e a respeito de si mesma. Em vez de ficar dominada por pequenas preocupações, ela consegue tolerá-las ou superá-las. Sob seu efeito, os níveis de estresse diminuem, as dores de cabeça desaparecem, tédio e solidão somem. A pessoa se sente à vontade em seu estado solitário, seus sentidos são estimulados, ela fica mais confortável com os outros e sua imaginação é geralmente ativada.

Em seu ensaio de 1954, "As portas da percepção", uma narrativa de sua primeira experiência com mescalina, o romancista e filósofo inglês Aldous Huxley reconhece que "parece improvável que a humanidade em geral vá conseguir prescindir dos Paraísos Artificiais".

A maioria dos homens e mulheres leva uma vida muito sofrida, na pior das hipóteses, e na melhor muito monótona, pobre e limitada, tanto que a vontade de escapar, o anseio de transcender a si mesmo, nem que seja por alguns instantes, é e sempre foi um dos principais apetites da alma.

Apesar desses profundos anseios, as sociedades modernas adotaram uma atitude temerosa e repressiva em relação às substâncias psicoativas. "Para uso irrestrito", observa Huxley, "o ocidente permitiu somente álcool e tabaco. Todas as outras Portas químicas na Parede são denominadas narcóticos e seus consumidores desautorizados são Viciados". Atualmente, com a legalização da maconha no Uruguai, no Canadá e em dez estados norte-americanos, assim como uma renovada onda de pesquisa sobre o valor terapêutico dos psicodélicos, a maré pode estar lentamente virando.

É inegável que corremos um considerável risco de nos viciarmos a muitas dessas substâncias. É fácil ficar preso a um ciclo de ansiar por elas, aproveitar seu efeito e se deprimir quando ele acaba. Podemos ficar dependentes do consumo de uma substância simplesmente para nos sentirmos normais. Para obtê-la podemos sacrificar a saúde ou recorrer à criminalidade para financiar o vício. O problema não está apenas na natureza da própria substância, mas em nossa confusão individual e social quanto ao modo de usá-la. E na raiz dessa confusão está a questão de como cuidamos da nossa alma, nos governamos e administramos nossa solidão.

O primeiro cigarro que fumei na adolescência, na sombra de um bosque, me deixou tonto e enjoado. Deitei no chão, suando, o coração batendo forte, enquanto esperava que o efeito passasse. A pressão dos amigos para que se fumasse tabaco e o *glamour* que a cultura da época lhe concedia eram tais que acabei superando minha aversão ao cigarro. Na verdade, eu não conseguia entender direito a razão para se fumar tabaco. Nunca achei agradável, mas por uns três, quatro anos, fumar se tornou um hábito. Logo depois comecei a consumir álcool. Cerveja e cidra, pelo menos, me induziam à euforia e me deixavam mais à vontade socialmente. Mas também me deixavam tonto, atrapalhado e tagarela. Além disso, se bebesse demais, no dia seguinte eu ficava embotado, taciturno e irritado. No entanto, nenhum desses efeitos colaterais me dissuadiu de me entregar a noites ruidosas, movidas a álcool, com meus amigos.

Quando eu tinha uns dezesseis anos, fui apresentado à *cannabis* em forma de haxixe. Descobri que ela me induzia a um estado mais amplo de consciência, que me permitia refletir sobre minha vida com atenção focada e lúcida. Quando estava sob o efeito do haxixe, me maravilhava com a beleza do mundo natural, apreciava música e arte mais intensamente e ficava bem ciente de ser um animal estranho, autoconsciente, com pensamentos, emoções, anseios e temores. A *cannabis* me permitia refletir sobre mim mesmo e o mundo de uma perspectiva mais rica e fascinante do que a da consciência comum. Às vezes, isso podia ser problemático e até assustador, mas a visão aguçada da vida que a erva oferecia mais que compensava seu lado obscuro. Foi através da *cannabis* que comecei a ficar profundamente curioso a respeito da minha interioridade e suas possibilidades.

Durante meus dois últimos anos escolares, experimentei LSD. Devo ter tomado umas vinte ou trinta vezes. Ele produzia uma versão magnificamente eletrificada do que eu experimentava com a *cannabis*. Eu ficava extasiado com os padrões fractais que se desenrolavam infinitamente diante dos meus olhos fechados; a visão de um besouro passando por uma lâmina de grama, a trama intrincada de uma folha, tudo se elevava ao nível de um êxtase místico. Até a única "*bad trip*" que eu tive me proporcionou uma visão do *Retábulo de Isenheim*, a obra do século XVI de Matthias Grünewald – que representa a abominável crucificação e a resplandecente ressurreição de Cristo – e me levou a atravessar a França de carona desde Dinan, na Grã-Bretanha (onde eu havia tomado o LSD), até Colmar, na fronteira com a Alemanha, para vê-lo.

Ao me tornar monge aos vinte e um anos, não usei nenhuma substância psicoativa por quase dez anos. Já no final do treinamento monástico, quando estava na Coreia, às vezes eu fumava as folhas das plantas de cânhamo que os agricultores locais cultivavam para fazer cordas e tecido. Depois de anos de treinamento em meditação, eu percebi que podia controlar melhor os efeitos da *cannabis*. Em vez de ser lançado em trens de pensamentos excitantes, mas incoerentes, eu conseguia canalizar o poder da substância para ampliar minha contemplação do *dharma*. Eu não só conseguia refletir com maior acuidade e precisão, como também ficava apto a considerar um tópico por outros ângulos. À luz sóbria do distanciamento, eu percebia que alguns dos "*insights*" de tais devaneios eram de fato fantasiosos, embora muitos deles tenham se transformando em avanços valiosos da minha compreensão ou uma confirmação dela.

Ao usar *cannabis* enquanto monge, aprendi que tais substâncias geram um poder mental que não é bom nem mau em si mesmo. O que importa é se a pessoa tem capacidade de canalizar esse poder para suas próprias finalidades em vez de ser dominado por ele. No meu caso, isso exigiu que eu antes alcançasse certo grau de autocontrole através do domínio de uma disciplina contemplativa enraizada numa visão filosófica e ética.

Aprendi também que essa automedicação trata tanto da melhora do desempenho como da eliminação ou redução de sentimentos dolorosos. Descobri que é melhor usar a *cannabis* sozinho e em silêncio, quando se está num estado de espírito desobstruído e tranquilo. Em termos de escrita, descobri que ela ajuda a prever o desenrolar de um texto e a afiar a habilidade de editar o que já foi escrito. Mas é pouco útil no processo de redigir.

Depois de largar a vida monástica e voltar para a Europa como homem casado, desenvolvi o gosto pelo vinho. Embora eu bebesse somente no fim da tarde para relaxar e socializar, isso virou um ritual diário ao qual me habituei. A rotina era interrompida quando eu participava ou conduzia um retiro de meditação, mas invariavelmente eu retornava a ela assim que voltasse para casa. Além disso, eu continuava a fumar *cannabis* sozinho.

As sociedades liberais contemporâneas parecem incapazes de decidir sobre o que constitui um uso aceitável de substâncias. Álcool e tabaco estão facilmente disponíveis, embora em 2016, somente nos Estados Unidos, uma média de 240 pessoas morria diariamente devido a causas relacionadas ao álcool e cerca de 1.300 pessoas ao tabaco. No mundo todo, a resultado anual do consumo de álcool e tabaco é calculado em cerca de nove milhões de óbitos. Apesar dessas estatísticas, bilhões de dólares continuam sendo gastos nos anúncios de cigarro, cerveja, vinho e bebidas destiladas. Por outro lado, *cannabis*, *peyote* e *ayahuasca* são substâncias criminalizadas, embora sejam consumidas há séculos, muitas vezes em sacramentos religiosos, com aparentemente mínimos detrimentos à saúde física ou mental.

O budismo oferece uma solução simples: abster-se. Defender a abstinência como meio de lidar com o abuso de substâncias é como defender o celibato para lidar com gravidez indesejada e doenças sexualmente transmissíveis. Em teoria é uma medida infalível, na prática é completamente inoperável. Enquanto vivermos numa sociedade aberta e tolerante, as pessoas continuarão se automedicando, assim como continuarão praticando sexo.

Governos seculares e religiões tradicionais estão perdendo a autoridade moral para legislar ou oferecer orientação sobre essas questões. Ao tolerarem o uso de substâncias ilegais por celebradas figuras da cultura, as sociedades modernas enfraquecem o compromisso com as normas legais – especialmente aos olhos dos jovens que tomam essas figuras como modelos. Enquanto as religiões se recusarem a endossar qualquer abordagem que não a abstinência, deixarão de proporcionar uma instrução adequada e matizada no que se refere ao seu uso e mau uso. E enquanto não entendermos a automedicação como uma entre outras maneiras de lidar com nossa solidão, nos faltará o contexto no qual integrá-la nas disciplinas de cuidados da alma.

10

Ele abandona um cargo sem assumir outro —
não se define pelo que sabe.
Nem tampouco se une a uma facção dissidente —
ele não assume nenhum ponto de vista.
QUATRO OITOS, 4:5

Ao pôr suas ideias no papel, Montaigne surpreendeu-se ao descobrir que tinha uma inclinação filosófica natural. Escreveu que uma nova personagem havia nascido: "o filósofo acidental". Ao mesmo tempo, lamentava que mesmo para as pessoas instruídas de sua época a filosofia tornara-se algo "especulativo e vão, sem utilidade ou valor". Ele botava a culpa disso num intelectualismo árido, que transformara a disciplina num tópico soturno, proibitivo. Para ele, não havia nada mais "alegre, animado ou divertido – eu quase diria mais sexy," que a filosofia.

Para Montaigne: "A perplexidade é a fundação de toda filosofia; a investigação seu modo de ir adiante; e a ignorância seu objetivo". Ele reconhece e afirma "um tipo de ignorância que é poderosa e generosa, e não menos honrada ou corajosa que o conhecimento". Ele denomina tal ignorância sua "forma mestre". Fica intrigado que as pessoas só fiquem perplexas com "milagres e acontecimentos estranhos" que parecem "se esconder sempre que eu chego". Por outro lado, declara:

> Nunca vi nada tão esquisito ou miraculoso quanto eu mesmo. Com o tempo, nos acostumamos a coisas estranhas, mas, quanto mais eu me investigo e me conheço, mais perplexo fico com minha estranheza e menos entendo quem eu sou.

Ele cita Sócrates, "o homem mais sábio que já existiu", o qual, ao lhe perguntarem o que sabia, respondeu: "Só sei que nada sei".

A estranheza raramente se restringe a nós mesmos. "Pense em como temos que tatear na névoa para entender exatamente as coisas que temos nas mãos", ele sugere. "É a familiaridade, mais que o conhecimento, que desfaz a estranheza". Montaigne cita o filósofo e poeta epicurista, Lucrécio, que pergunta:

> Imagine se essas coisas fossem mostradas aos homens agora,
> Pela primeira vez, de repente e sem aviso. O que poderia ser
> Mais maravilhoso que esses milagres que ninguém antes ousara
> Acreditar que sequer existiam?

Montaigne foi criado por seu amado, mas exigente pai para ser um homem renascentista. Até os sete anos só lhe era permitido falar em latim. Sua educação humanista o fez mergulhar na cultura das antigas Grécia e Roma. Ele vivia e respirava as obras recém-recuperadas de Platão, Aristóteles, Epicuro, Sêneca, Plutarco e outros. Suas citações prediletas foram pintadas nas vigas de sua biblioteca para inspirá-lo. Ele se espelhava nos eminentes estadistas da antiguidade, que eram muito ecléticos em seu aprendizado, não se restringindo a uma única escola de pensamento. Ele cita Cícero: "Preciso escrever, mas de tal modo a não afirmar nada; devo sempre estar buscando, na maioria das vezes duvidando, raramente confiando em mim mesmo". Como Cícero, Montaigne estava sempre retornando ao ceticismo filosófico que se originou com Sócrates e Pirro.

Formado pela tradição do filósofo "risonho" Demócrito, Pirro acompanhou Alexandre, o Grande, à Índia, onde estudou com os sábios que lá conheceu. Ao retornar à Grécia, ele levava uma vida simples e ensinava filosofia. Segundo seu discípulo Tímon:

> Pirro afirmava que as coisas são igualmente in-diferentes, i-mensuráveis e im-possíveis de serem decididas. Portanto, nem nossas sensações, nem nossas opiniões nos transmitem verdades ou falsidades. Não deveríamos ter a mínima confiança nelas, mas sim nos abstermos de julgamento, preferências e resolutamente dizer sobre cada coisa que ela não é mais do que não é, ou que é e não é ou que nem é nem não é. O resultado para os que adotam essa atitude será primeiramente o silêncio e depois uma total tranquilidade (*ataraxia*).

Para Montaigne, "nenhuma outra invenção da mente humana tem tanta validade e utilidade" quanto o Pirronismo, que apresenta o homem "nu, vazio e consciente de sua fraqueza natural". A investigação contínua dos pirronistas, com fim em aberto, conduz a um meio termo entre afirmação e negação. O objetivo, diz Montaigne, "é sacudir as coisas, duvidar, indagar, não ter certeza de nada". Ele admite que é difícil captar essa abordagem. "Quem conseguir imaginar uma perpétua confissão de ignorância, um julgamento imparcial em todas as situações, conseguirá conceber o que é o pirronismo".

Para Montaigne, os pirronistas buscam a ataraxia para atingir a "imobilidade de julgamento". Montaigne define ataraxia como

> um modo de vida tranquilo e estável, imperturbável à pressão de opiniões e conhecimentos que pretendemos ter das coisas, o que origina medo, avareza, inveja, desejos excessivos, ambição, orgulho, superstição, amor pela novidade, rebelião, desobediência e obstinação, assim como a maioria dos nossos males físicos.

Assim como ausência de opiniões e paixões, ataraxia é outra palavra para o tipo de solidão que Montaigne procura. Para ficarmos verdadeiramente sós, é preciso que nos acomodemos num estado mental quieto e desanuviado, sem preocupações com pensamentos obsessivos ou emoções conflitantes.

O ceticismo filosófico, diz Montaigne, "pode ser mais bem concebido como uma pergunta: '*Que sçay-je?* – '*Que sei eu?*'" Este se tornou seu *slogan* e foi inscrito em seu emblema, que representava um par de balanças simbolizando o compromisso de não favorecer uma opinião sobre outra. Os pirronistas chamam esse ato de "suspensão da crença" (*epochê*), uma prática que se estende desde a reflexão solitária até as conversas com os amigos. "Estou pouco ligando para os tópicos que estão sendo discutidos", admite Montaigne. "Todas as opiniões a respeito se reduzem a uma única para mim: e fico mais ou menos indiferente ao ponto de vista que sairá vitorioso".

"Os filósofos pirronistas", segundo Montaigne,

> não conseguem expressar sua abordagem à vida em nenhuma forma conhecida de falar. Necessitam de uma nova língua, pois a nossa é totalmente formada de declarações afirmativas inaceitáveis para eles. Portanto, quando eles dizem "Eu duvido", podemos agarrá-los pelo pescoço e fazê-los confessar que sabem de uma coisa com certeza: que eles duvidam.

Os ensaios são as tentativas que Montaigne faz de encontrar essa nova língua. Ele os expande continuamente, não param de dar novos brotos. Ele nada apaga ou altera, além de uma ou outra palavra. "Mudo de assunto arbitrária e caoticamente", diz ele. "Minha pena e minha mente vagueiam segundo a própria vontade. Se quisermos menos tolice, precisamos de um toque de loucura".

Não importa o quanto sondemos os ensaios, jamais iremos capturar quem ou o quê *é* Montaigne. Isso seria "como tentar segurar água no punho cerrado: pois quanto mais se espreme algo cuja natureza é correr e se espalhar, mais se perde o que se quer segurar".

11

BEDSE, MAHARASHTRA, ÍNDIA, JANEIRO DE 2013
Admiro o *patchwork* de campos e aldeias espalhados a se mesclarem no horizonte embaçado da cordilheira, as Ghats Ocidentais. Se ouvir atentamente, consigo distinguir o leve ronco do tráfego passando pela autoestrada que vai de Pune a Bombaim. Não fosse isso, o lugar é tão silencioso como deve ter sido para aqueles que aqui viveram, em suas celas entalhadas na rocha, dois mil anos atrás. O silêncio se amplifica com a brisa mansa que agita os capins amarelados do inverno e provoca a revoada de minúsculos pássaros chilreando.

Viro-me e encaro o Mosteiro do Pico do Diabo, entalhado à mão na rocha de basalto escuro da encosta que se assoma diante de mim. À esquerda, acessível por um estreito desfiladeiro, fica o santuário absidal, com uns doze metros de profundidade, tendo uma *stupa* de pedra no final. À direita fica a área residencial, também em forma abobadada, com acesso a nove celas, dispostas regularmente, cada uma com duas camas. A planta baixa se baseia num desenho do Dr. J. Burgess, feito em 1880.

Bedse, planta baixa; baseada no desenho de 1880 feito pelo Dr. J. Burgess

Além de um mendicante[3] que vivia na floresta, chamado Gobhūti, e de seu discípulo Āsādhamitra, cujos nomes estão conservados na única inscrição do local, não temos ideia de quem viveu ali. Não se sabe quem cinzelou esmeradamente esses espaços na densa rocha ígnea com formões de um aço capaz de grande tração. Também não há inscrições que nos contem quem os patrocinou. Mas o mosteiro entalhado na rocha de Karla, ali perto, contém registros de doações feitas por um grupo de benfeitores, que incluem "o perfumista Simhadata, o carpinteiro Sāmi, o grego Sihadhaya, o grego Dhamma e um certo Mitadevanaka".

Mendicantes de cabeça raspada e manto ocre sentavam-se de pernas cruzadas nessas celas, enquanto Jesus passava quarenta dias no deserto da Judeia, jejuando e sendo tentado por Satã.

---

3 Em inglês, *mendicant*. Mendicante, segundo o Dicionário Aurélio: "2.Diz--se de, ou ordens religiosas que, proibidas de terem bens, vivem da caridade alheia." De fato, essa é a personagem do *sadhu*, ou renunciado, conceito assemelhado ao do mendicante mencionado pelo dicionário. (N. da T.)

Pelo que se sabe, não houve monges meditando aqui no Pico do Diabo por oitocentos anos, desde que o budismo desapareceu do subcontinente indiano. Um pastor do vilarejo de Bedse está deitado na sombra do abrigo da área residencial, o rosto coberto por um pano puído, enquanto suas cabras pastam nas encostas íngremes.

Solidão nada tem a ver com aninhar-se numa cela escura e fria acima da movimentada vida agrícola lá embaixo. Uma vez que a novidade se esgota, a pessoa descobre o quanto o enclausuramento aumenta as pressões e exigências que sente. Não importa onde se esconde o corpo, não se consegue escapar daqueles velhos hábitos mentais que continuam se reafirmando. Para aqueles como Gobhūti e Āsādhamitra, que sem dúvida eram familiarizados com os truques e tentações do diabo, o nome do mosteiro devia ter seu diferencial cruel e zombeteiro.

Estou parado no salão do santuário. Estou só dentro de um vácuo esculpido. As vinte e seis colunas paralelas às paredes não têm qualquer propósito estrutural. Remova-as e nada acontecerá. Esqueço-me de que as colunas e a *stupa* simplesmente fazem parte da montanha que não foi retirada. Já estavam ali antes que os formões se pusessem a trabalhar para "revelá-las". Somente o espaço vazio do salão foi criado.

Não consigo deixar de ver o vácuo onde me encontro como uma metáfora para o vazio: a ausência de reatividade compulsiva, uma pré-condição para os caminhos desobstruídos que permitem o florescimento humano. A simplicidade sem adornos desse santuário entalhado na rocha evoca o *dharma* de Buda antes que ele se transformasse em dogma. Isto é nirvana inscrito na pedra. Até a ideia de vazio ser sequestrada pelos metafísicos, ela era apenas outra maneira de falar da solidão.

Que "solidão" é sinônimo de "nirvana" ou "vazio" está implícito nas linhas que abrem os seguintes *Quatro Oitos*:

> A criatura oculta em sua cela –
> um homem afundado em paixões obscuras
> está a uma grande distância da solidão.
> Difícil é largar o que nos impele,
>
> difícil livrar-se dos anseios
> apegados à comoção de estar vivo,
> suspirando pelo passado e pelo porvir,
> ansiando por esses deleites agora – ninguém mais pode salvá-lo.
> QUATRO OITOS, 1:1-2

Quando comecei a estudar esses poemas por causa de seus *insights* sobre a solidão, fiquei igualmente fascinado por sua "arquitetura". Cada poema é composto de oito estrofes de quatro versos cada, totalizando trinta e dois versos. Assim, o número de estrofes nos quatro poemas é o mesmo que o número de versos em cada poema: trinta e dois. As sequências, combinações e simetrias de quatros e oitos exerceram uma poderosa atração estética em mim. Os poemas me apareceram no olho mental como um painel de trinta e dois retângulos, quatro horizontais e oito verticais: uma grade esperando para ser preenchida.

Essa estrutura métrica do verso também ajudava a memorizar uma obra que foi transmitida oralmente. Contudo, recuso-me a aceitar tal propósito utilitário como única explicação para compor o texto dessa forma. Os versos metrificados impõem restrições formais ao autor. Para os poetas, como o que compôs os *Quatro Oitos*, tais restrições eram parte de sua disciplina como artistas. Eles encaravam um duplo desafio: articular um argumento da maneira mais lúcida e econômica possível e ao mesmo tempo aderir ao esquema formal e cadências do veículo.

Como o santuário no Pico do Diabo, esses poemas são governados por uma estética do vazio. Cada poema defende e celebra uma vida esvaziada de opiniões autocentradas. Para empreender tal solidão interior, o poeta tem que tirar as próprias opiniões e personalidade do caminho. Em vez de nos dizer que opiniões são limitadoras e enganosas, o que simplesmente acaba sendo outra opinião, ele emprega a estrutura dos poemas para ilustrar esse ponto. Isso me lembra do tributo de W. H. Auden:

> Benção a todas as regras métricas que proíbem respostas automáticas, forçando-nos a pensar melhor, livres dos grilhões do Eu.

A adesão à estrutura formal da obra restringe os impulsos habituais do poeta. Ele já não pode dizer a próxima coisa brilhante que lhe vem à mente. Precisa encontrar o que vai ou não funcionar dentro dos limites da forma. Não se trata do seco cálculo racional que pode ser usado para solucionar um problema técnico. A forma do verso torna-se um equivalente à cela entalhada na rocha: um espaço confinado de solidão e contemplação que lhe abre a possibilidade de dizer algo que não é definido pelos desejos, aversões e temores comuns.

Deixo o santuário e atravesso para a área residencial dos monges. Entro na quarta porta estreita à esquerda e me sento de pernas cruzadas em uma das duas camas de rocha que há dentro da cela. A superfície onde estou sentado é áspera e irregular, assim como as paredes e o teto. Correndo os dedos pela rocha, sinto os últimos entalhes feitos pelo formão há dois mil anos. No ponto onde a cama se une ao canto da cela, toco num retalho triangular de um material mais macio. Com os olhos mais acostumados à luz fraca, vejo que é um fragmento sobrevivente do gesso que cobria todas as superfícies do quarto minúsculo.

12

Fui apresentado à prática de *mindfulness* por S. N. Goenka em 1974, algumas semanas após ter sido ordenado monge noviço. Foram dez dias em Dharamsala, Índia, quando juntamente a um grupo de jovens monges tibetanos e discípulos ocidentais do budismo participei de um retiro silencioso de Vipassana.

Nos três primeiros dias, cultivamos a plena atenção na respiração, focando no respirar quando o ar passa pelo lábio superior. Em pouco tempo, a passagem fugidia de inspirações e expirações se consolidou num ponto estável de sensação no centro do lábio. Esse ponto então se tornou o foco exclusivo da meditação.

Ficando mais concentrado, jatos de luzes e padrões coloridos começaram a aparecer no meu campo mental. Não duravam muito e fomos aconselhados a não lhes dar atenção. No final dos três dias, eu me encontrava num estado de atenção concentrada sem precedentes. Conseguia manter esses momentos por vários minutos, sem me distrair.

No quarto dia, mudamos o foco do lábio superior para um ponto no alto da cabeça. Dali íamos cuidadosamente expandindo a atenção para o resto do escalpo, para o rosto, as orelhas, o pescoço, até chegarmos ao torso. Então continuávamos pelo resto do corpo, percorrendo cada braço e cada perna, até chegarmos às pontas dos dedos dos pés. Uma vez completando esse exame de cima para baixo, fazíamos o caminho inverso até o alto da cabeça. Nós passávamos cada sessão de meditação fazendo uma "varredura" do corpo, desde a cabeça até os pés e dali de volta à cabeça.

No início, minha experiência foi desigual. Algumas partes do corpo zumbiam, formigavam, vibravam e pulsavam, enquanto outras ficavam quase completamente insensíveis. À medida que persisti no exercício – era a única coisa que fazíamos por várias horas diariamente – as zonas mortas começaram a se revitalizar até eu sentir todo meu corpo como uma única massa de sensações vibratórias.

Com voz grave e reconfortante, o Sr. Goenka nos instruía a prestar atenção à gama de sentimentos agradáveis, desagradáveis e neutros associados a essas sensações. Uma dor no joelho decompõe-se em reações físicas desencadeadas pela tensão na articulação, por ficar sentado de pernas cruzadas por longos períodos, e num sentimento subjetivo que considera esse estado desagradável. Ao refinar a atenção plena, a pessoa aprende a diferenciar as sensações ou sons físicos e também a como se sentir em relação a isso, o que a capacita a viver num estado mental intensamente interativo, mas menos reativo.

O Sr. Goenka nos falava para observar a regularidade com que as sensações e sentimentos mais teimosos iam e vinham. Descobri que se sondasse profundamente uma dor lancinante no joelho, a certa altura ela "virava", de algo palpável e desagradável, num padrão vibratório rápido de sensações que já não doíam tanto.

Dei-me conta de que tudo que eu experimentava era cocriado pelos processos físicos do meu corpo e pelo modo como eu estava condicionado a interpretá-los e reagir a eles. Lembro de uma vez, no intervalo entre as sessões, em que eu estava sentado de pernas cruzadas no gramado lá fora, num estado de consciência extático, silencioso, de coração aberto, e as rajadas de vento vindas das planícies do Punjab abaixo de Dharamsala pareciam soprar através de mim. A noção de um mundo separado "lá fora" sendo observado por um sujeito separado "aqui" começou a se desfazer.

Tudo isso aconteceu há mais de quarenta anos, mas o impacto permanece comigo ainda hoje. Foi minha iniciação em *mindfulness*, que desde então é a base da minha vida contemplativa. Muito mais que uma simples técnica, a prática da atenção plena me proporcionou uma nova sensibilidade em relação à vida como um todo, uma perspectiva totalmente diferente de como ser um humano praticante no mundo.

Minha formação e treinamento no budismo tibetano, durante os dois anos que antecederam o retiro, foram a preparação ideal para essa prática. Acostumado a passar a maior parte do dia sentado no chão de pernas cruzadas, eu não me incomodava com as muitas horas sentado em meditação. Minhas reflexões e estudos diários – sobre a preciosidade da vida humana, a iminência da morte, a renúncia, o compromisso existencial, uma determinação altruística e o vazio – proporcionaram um solo fértil de valor e significado para a atenção plena se enraizar. Eu havia pensado profundamente na impermanência e no altruísmo. Agora eu os experimentava de modo visceral. Via-me como parte do tecido vivo da experiência humana em que fui inseparavelmente tramado, embora estivesse ao mesmo tempo livre para examinar e explorar. Descobri que a atenção plena não era uma consideração distante, separada. Sua prática servia para esculpir e dar forma aos contornos internos da minha solidão.

Assim como a ideia de *mindfulness* também não era nova para mim. Fazia meses que eu estudava *Um guia para o modo de vida do bodhisattva*, de Shantideva. Todo o capítulo cinco desse texto do século VIII do budismo indiano é dedicado à prática da atenção plena.

O Sr. Goenka fornecia as ferramentas para transformar os ensinamentos de Shantideva sobre a atenção plena numa realidade palpável, enquanto as reflexões de Shantideva forneciam uma dimensão ética da prática contemplativa do Sr. Goenka. "Se o elefante da minha mente", escreveu Shantideva, "estiver firmemente amarrado por todos os lados pelas cordas da atenção plena, todos os temores cessarão de existir e todas as virtudes me virão às mãos". O propósito da atenção plena não é apenas ficar mais ciente da respiração, das sensações corporais e dos sentimentos. Para Shantideva, significa estar constantemente ciente das próprias aspirações éticas. A atenção plena é comparada ao guardião do portal que dá acesso à mente e aos sentidos, alerta a qualquer impulso que ameace enfraquecer a pessoa e fazê-la desviar-se de seus objetivos.

"Os ladrões da inconsciência", ele observa, "acompanham o declínio da atenção plena e roubam a bondade da pessoa". Eles ficam em volta "aguardando uma oportunidade" de arrombar e tomar posse da pessoa. *Mindfulness* é uma atenção elevada que percebe os primeiríssimos movimentos dos impulsos reativos e hábitos neuróticos, antes que eles tenham chance de se assentar. "Quando, a ponto de agir, percebo que minha mente está infectada", Shantideva diz a si mesmo, "devo permanecer imóvel, como um pedaço de pau".

O pedaço de pau é uma metáfora para a serenidade, não para a indiferença. A atenção plena é uma postura equilibrada, reflexiva, na qual a pessoa percebe a mesquinhez ou o sarcasmo que surge na mente sem se identificar com aquilo nem rejeitá-lo.

Observa com interesse o que está acontecendo sem sucumbir à vontade de agir nem ao desejo culpado de ignorá-lo ou suprimi--lo. Isso requer uma aceitação radical de quem e o quê você é, onde nada é indigno de ser objeto de tal atenção. Com um olhar irônico e compassivo, você diz "sim" à sua vida conforme ela se manifesta, com suas imperfeições e tudo mais. Ao sustentar essa postura não reativa, com o tempo, a atenção plena torna-se a base da vida ética da pessoa.

Essa perspectiva é decifrada no comentário ao texto de Shantideva feito no século XIV pelo lama tibetano Thogmé Zangpo. Para ele, *mindfulness* é "a lembrança de tudo que a pessoa aspira abandonar e perceber", enquanto a consciência é "saber como efetuar esse abandonar e perceber". Portanto, a atenção consciente engloba todo o projeto do florescimento humano. Estar atento significa lembrar de abandonar a reatividade compulsiva e perceber um modo de vida não reativo, enquanto estar consciente significa saber como refinar as habilidades psicológicas, contemplativas, filosóficas e éticas necessárias para alcançar esses objetivos.

Desde aquele retiro de Vipassana com o Sr. Goenka e o estudo de *Um guia para o modo de vida do bodhisattva*, de Shantideva, as dimensões contemplativas e éticas da atenção plena tornaram-se inseparáveis para mim. A atenção consciente incorpora tanto minha atenção ao cru imediatismo da experiência quanto serve de bússola moral a guiar minha resposta àquela experiência. "Qual é o poder da atenção plena?" perguntou Gautama mais de mil anos antes de Shantideva. "O nobre praticante é atento: ele está equipado com a mais perspicaz consciência e atenção; ele tem boa memória e tem em mente o que foi dito e feito muito tempo atrás".

13

Pessoas equivocadas expressam opiniões,
assim como as certeiras.
Quando dão uma opinião, o sábio não se envolve —
nada há de insensível no sábio.
QUATRO OITOS, 2:1

"Sinto a morte", diz Montaigne, "continuamente me beliscando a garganta e os rins". Montaigne sabe que "cada tropeço de um cavalo, cada queda de uma telha, cada leve picada de alfinete" poderia ser o prenúncio de seu fim. Para conseguir morrer em paz, um filósofo precisa morrer para seus apegos ao mundo. Isso, para Montaigne, é a "verdadeira solidão", onde os pensamentos e emoções são mantidos sob rédeas firmes e controlados. "Preparar-se para a morte é preparar-se para a liberdade. Aquele que aprendeu a morrer desaprendeu de ser escravo".

Morrer para o mundo está longe de ser coisa simples. "As pessoas não reconhecem a doença natural de suas mentes", diz Montaigne, o que as faz "ficar fuçando em busca de algo, dando voltas incessantes, elaborando e se enredando na própria atividade como um bicho-da-seda, até se sufocar ali como 'camundongo no piche'". Ficamos correndo à toa numa fuga compulsiva da morte. "A todo instante", ele observa, "parece que estou fugindo de mim mesmo". Não importa quantas leis ou preceitos usamos para cercar a mente, ainda a encontramos "tagarela e dissoluta, escapando de todas as coações". Essa fuga é caótica e errática. Não há "loucura ou tolice que não possa se produzir nesse tumulto. Sem objetivo definido, a alma se perde".

A insatisfação crônica leva essa inquietação adiante. "Nada do que sabemos e gostamos parece satisfatório", observa Montaigne.

Como o que está presente não consegue nos gratificar, ansiamos por coisas futuras que nos são desconhecidas. Não que aquilo que esteja presente não seja capaz de nos gratificar, mas sim que nós o compreendemos de maneira doentia e descontrolada.

Essa estratégia aumenta a insatisfação que busca dissipar. Pois revela-se oco e vazio o que tentamos agarrar. "A tudo nos agarramos", diz ele, "mas nada retemos além do vento".

Montaigne sugere que a natureza nos distrai de nós mesmos "para não nos desencorajar". Para distrair nossa atenção, ela tem "a atividade do nosso olhar muito espertamente projetada para fora, de modo a sermos varridos adiante em sua correnteza". É por isso que "é doloroso virar o curso da vida para retornar em direção a nós". É difícil nadar contra a corrente. Isso cria turbulência, como "quando o mar, levado de volta para si mesmo, se agita em confusão".

Montaigne compara-se a "uma embarcação que se desintegra, se divide, vaza e se esquiva dos deveres para consigo mesmo. Ela precisa ser posta de pé e ajustada com boas marretadas". Tal reforma não pode ser feita aos poucos. Requer um treinamento contínuo da alma. "Recupere sua mente e sua vontade, que estão ocupadas em outro lugar", ele incita. "Você está se esgotando e dispersando. Concentre-se; contenha-se. Você está sendo traído, dissipado, roubado".

"É um negócio complicado", ele reconhece, "seguir um curso tão sinuoso como o da nossa mente, penetrar suas profundezas opacas e nichos ocultos, discernir e interromper tantas mudanças sutis em seus movimentos". Isso é impossível sem um rigoroso autocontrole. Para refrear suas andanças compulsivas, "uma besta justificadamente necessita a imposição de antolhos para manter o olhar focado no que está adiante de suas patas". É necessário aprender como "manter-se acomodado, reto, inflexível, sem movimento ou agitação". "Outros", ele comenta, "estudam a si mesmos para avançar e elevar a mente: eu procuro torná-la humilde e deitá-la para descansar".

"O procedimento que funciona bem para mim", diz Montaigne, é o seguinte: "Com muito pouco esforço eu interrompo o primeiro movimento das minhas emoções e abandono qualquer coisa que começou a me sobrecarregar antes que me sufoque". Ao "acompanhar de perto os efeitos e circunstâncias das paixões que me governam", ele aprendeu a detectar "as leves brisas que roçam e murmuram dentro de mim, como precursoras da tempestade". Vendo-as se aproximarem lhe permite "diminuir um pouco o furor de sua investida". A experiência lhe ensinou que, sem saber como "fechar a porta para suas emoções, você nunca conseguirá expulsá-las uma vez que tenham entrado".

Ter sucesso no exame e administração da própria vida é, para Montaigne, cumprir a "maior de todas as tarefas". Não é fácil, mas com a prática consegue-se domar a mente. As pessoas raramente tentam, muito menos têm sucesso, nesse empreendimento. Montaigne se considera incomum quanto a isso: "Ninguém nunca se preparou para deixar este mundo de modo mais simples e total, ou se desapegou dele mais completamente do que eu luto para fazer".

Montaigne segue o "meio-termo" de Platão entre "o ódio da dor e o amor pelo prazer", e instrui a si mesmo a "contemplar dor e prazer com uma perspectiva igualmente calma". Para viver assim, é preciso descartar até as normas e pistas que o trouxeram até aqui. "A maioria das pessoas entende isso de maneira errada", ele explica.

É claro que se pode prosseguir mais facilmente ficando na lateral da estrada, cujo meio-fio serve de limite e guia, em vez de seguir pelo meio do caminho, largo e amplo. Sim, é muito mais fácil prosseguir pelos meios artificiais que pelos naturais, mas isso é muito menos nobre também e tido em menor estima. A grandeza da alma não está tanto em alcançar grandes altitudes e progredir, quanto em conhecer e respeitar seu âmbito.

É preciso cultivar um senso intuitivo de equilíbrio e orientação que responda às exigências de cada momento. "Quero que a morte me encontre plantando meus repolhos", diz ele, "despreocupado seja com ela seja com minha horta imperfeita".

14

TATE MODERN, LONDRES, OUTUBRO DE 2017
Estou numa grande galeria de arte. As pessoas andam em volta e falam em voz baixa. Atrás de mim há uma figura de pé em tamanho real que parece um homem engastado em chumbo. Ao entrar na sala, reconheço-o como uma obra do artista britânico Antony Gormley. A figura está levemente inclinada para trás, braços e pernas esticados, as feições pouco discerníveis olhando para o céu. Chamada *Sem título (para Francisco)*, a escultura evoca o momento em que São Francisco de Assis recebeu o estigma, como retratado por Giovanni Bellini numa pintura do final do século XV.

De costas para o santo em êxtase, olho para a outra única obra da sala. Trata-se de uma pintura abstrata de 1m50, quadrada, chamada *Amor distante*, da artista americana Agnes Martin. Consiste de linhas horizontais: cinco faixas finas brancas e quatro mais largas de azul claro. As faixas são retângulos de diferentes larguras com as margens marcadas por linhas desenhadas a lápis.

A tinta é aplicada com a técnica conhecida como *color wash* – que dá um efeito manchado. As impressões digitais da artista são visíveis em alguns pontos. A faixa azul de baixo contém a marca aparentemente acidental de um traço fino de pigmento azul.

Agnes Martin sustentava que suas pinturas só eram completas quando evocavam no espectador a mesma disposição que a inspirou para pintá-las. Olhando para aquela obra, não experimento amor, nem próximo nem distante. Estou inquieto e incerto tentando dar sentido ao que vejo. Nada na tela retém minha atenção. Sinto-me distraído e entediado. Talvez minha obrigação culpada de apreciar *Amor distante* debilite a inocente abertura de coração exigida para experimentar o amor.

Durante vinte anos Agnes Martin trabalhou em Nova York e Novo México, sendo uma artista obscura de pinturas semiabstratas, figurativas e de paisagens. Nesse período, ela rotineiramente queimava a maioria de seus trabalhos. Certo dia, quando tinha cinquenta e poucos anos, ela estava pensando sobre a inocência das árvores e visualizou mentalmente uma grade de finas linhas verticais e faixas horizontais claras. Pintou aquilo e intitulou de *A árvore*.

Pelos quarenta anos restantes de sua vida, quase todas suas pinturas seriam formadas por quadrados divididos em faixas abstratas de *color wash* e linhas feitas a lápis. Seu método era simples e inflexível. Ela esperava por momentos de inspiração, quando a imagem de um minúsculo quadrado lhe vinha à mente. Colocava-o em escala matemática para o tamanho da tela e então o reproduzia com exatidão. Ela insistia que essas pinturas transcendem o mundo concreto da experiência sensorial. Expressam emoções puramente abstratas, como inocência, perfeição, benevolência, felicidade e amor.

"Pinto de costas para o mundo", ela disse numa entrevista em 1997. Não se interessava pelo que os outros pensavam do que ela fazia. Negava que essas obras sem muita graça tivessem algo a ver com as pradarias do Canadá, onde nascera, ou com os desertos do Novo México, onde havia morado. Assim como também não estava tentando *representar* os sentimentos que a inspiravam. Ao tornar-se um canal altruísta para a inspiração, ela se recusava a levar o crédito por suas obras acabadas. Aceitava apenas a culpa por seus fracassos.

Agnes Martin exercia sua arte com a dedicação concentrada de um asceta. Acreditava que a pessoa deve se livrar de tudo que interfere em sua inspiração e visão. Se isso incluir família e amigos, bem, que assim seja. Para ela, ideias, cálculos e ambições obscurecem a "perfeição absoluta, sublime" da vida que está presente em cada instante. E a pior coisa em que se pode pensar, quando se está trabalhando, é em si mesmo. "Pois tão logo o dragão do orgulho levanta sua cabeça flamejante", ela observava, "você começa a cometer erros".

"As melhores coisas da vida", dizia Agnes, "acontecem quando você está só". Ela nunca se casou, nem teve um companheiro, companheira ou filhos. A solidão era o sítio de sua inspiração. Ela passou meses viajando sozinha pela América do Norte num *trailer*. Morou por quase uma década em Mesa Portales, acima da cidade de Cuba, no Novo México, sem eletricidade nem telefone. O vizinho mais próximo ficava a quase dez quilômetros de distância. "Um místico e uma pessoa solitária", ela escreveu, "são a mesma coisa". A religião dela era simplesmente "solidão e independência para uma mente livre".

Durante anos, Agnes praticou meditação por vinte minutos diariamente para aquietar a mente e se inspirar. Aos oitenta e cinco anos, ela declarou numa entrevista por vídeo que já não meditava porque havia aprendido a parar de pensar. "Agora", disse ela,

> não penso em nada. Nada me passa pela mente. Não tenho ideias próprias e não acredito nas dos outros, então isso me dá clareza

mental. Minha nossa, sim, uma mente vazia, de modo que quando algo entra nela, posso ver.

O vídeo a mostra trabalhando: uma mulher idosa, de cabelo bem curto, segurando um pincel, andando pacientemente entre a mesa com sua paleta de tintas e a tela montada numa parede do estúdio. Ela se dirige ao entrevistador com um entusiasmo empático, dando risadinhas. Seus olhos brilham num rosto bondoso e enrugado. De vez em quando eles parecem lançar um lampejo de cautela quase feroz. Agnes Martin lutou para realizar sua visão artística num mundo da arte dominado pelos homens, numa sociedade preconceituosa e temerosa de sua homossexualidade e esquizofrenia.

Já foi dito que a obra de Martin tem "a qualidade de uma expressão religiosa, quase uma forma de oração". Agnes habitava o espaço indefinível entre a prática artística e ascética. Suas pinturas são impregnadas da espiritualidade silenciosa e espaçosa do taoismo, do zen e da cultura indígena norte-americana do Novo México. Acho que, para apreciar completamente *Amor distante*, seria necessário contemplá-la aos poucos, idealmente a sós e em silêncio.

Antony Gormley, cuja figura *Sem título (para Francisco)* estava atrás de mim enquanto eu refletia sobre *Amor distante*, nasceu na Inglaterra e foi criado no catolicismo. Aos vinte e poucos anos viajou para a Índia, onde passou três anos estudando budismo. Ele considera os dez dias de seu primeiro retiro de Vipassana com S. N. Goenka em Dalhousie, em 1972, como "a experiência mais importante da minha vida". Numa conversa com o historiador da arte Ernst Gombrich, em 1995, ele descreve como meditar sobre "a sensação de estar num corpo" tornou-se uma ferramenta que depois ele transferiu para a execução da escultura. Ele insiste que suas esculturas não *representam* o corpo, mas sim que *revelam* o espaço que o corpo habita. A meditação também o ajudou a ficar imóvel e calmo, enquanto seu próprio corpo era moldado para obras como *Sem título (para Francisco)*. Imagine a solidão do artista nu, envolto em papel filme, duas camadas de gesso e pano de juta, respirando através de canudos.

15

VORARLBERG, ÁUSTRIA, DEZEMBRO DE 2016
São nove horas de uma noite escura e fria de dezembro. Quatorze homens e mulheres estão sentados num círculo medicinal. Salvador, nosso xamã, deve ter uns quarenta anos. Ele tem cabelo curto, preto e indícios de bigode e barba. Está usando camisa e calças de algodão branco. O sótão espaçoso onde estamos sentados é iluminado por velas. Pode-se ouvir o correr insistente do regato que desce a montanha ao lado da casa do sítio. Cada um está sentado em algum tipo de cama: sacos de dormir, tapetes de ioga, peles de ovelha, colchões de ar, cobertores. Ao lado de cada pessoa há um rolo de papel toalha, alguns sacos plásticos biodegradáveis e uma garrafa de água.

Iniciamos declarando nossos motivos para estar lá. Digo a Salvador e aos outros praticamente a mesma coisa que falei a Don Toño em Tepoztlán: encaro esta cerimônia como um modo de fazer um balanço da minha vida. Quero revisitar minhas experiências formativas com psicodélicos, mas num contexto sacralizado, usando plantas medicinais tradicionais. Quero acrescentar esta experiência à que tive com *peyote* no México para continuar minha investigação sobre o possível papel dessas terapias no mundo atual.

Em sua cozinha, Salvador cozinhou os ingredientes da *ayahuasca*: o cipó *Banisteriospsis caapi* e as folhas da planta *Psychotria viridis*. A infusão resultante é um líquido preto, decantado numa garrafa de plástico de água. Somos convidados a ir até ele, um de cada vez. Ajoelhado no chão, seguro com as duas mãos o meio copo de *ayahuasca* que ele me oferece. Sinto imediatamente um gosto familiar que não consigo identificar. Talvez alcaçuz. E não é tão desagradável quanto eu temia. Mesmo assim, como um pedacinho de gengibre cristalizado para disfarçar o gosto e tomo um gole de água.

Sento de pernas cruzadas com os olhos fechados. Em cerca de vinte minutos percebo uma distante sensação entorpecente e agitada se formando em meu corpo. Não é agradável nem desagradável e é inteiramente física. Não causa qualquer impacto em meu estado de espírito, que continua desprendido, curioso e levemente apreensivo. Sem demora formas intrincadas e sinuosas em cores brilhantes, elétricas, começam a aparecer diante das minhas pálpebras fechadas. Fico vendo aqueles vórtices que parecem não ter fim. Não gosto de ficar sujeito àquele conteúdo mental invasivo que não consigo controlar.

Sinto ondas de calor e começo a suar. Tenho vontade de vomitar. Pego um saco plástico e o seguro diante da boca. Tenho três ou quatro ânsias de vômito, sem nada expelir. Até que consigo vomitar e rapidamente me sinto melhor. Essa purgação parece eliminar o torvelinho de efeitos visuais e deixa que eu me acomode num estado intensamente lúcido e sereno de contemplação. Agora já não sou um observador passivo do que está acontecendo, mas um participante arrebatado.

Perco a conta do número de vezes que vomitei naquela noite. Quatro? Cinco? Seis? A certa altura precisei evacuar também, com uma explosão de gases e esguichos diarreicos. Meus músculos laterais doíam por causa do esforço para vomitar. O último episódio é agonia pura. Depois de várias tentativas, elimino duas porções de um líquido insosso com textura de muco. Depois disso paro de vomitar e repouso numa solidão extática. Tremo de frio e me encolho sob o saco de dormir para me aquecer.

Deitado de lado, a cabeça encostada numa almofada, de olhos bem abertos, observo a cena com serenidade. A maioria dos participantes está deitada, inerte como eu. Escuto meu monólogo interno reiterando a história cansativa "daquele bundão esperto que escreve livros". Repito a frase para mim mesmo, rindo baixinho. Sempre achei o termo "bundão" abusivo. Mas ele acaba sendo a descrição precisa de um animal social de tamanho médio que sobrevive consumindo e evacuando. Penso: que maravilhoso seria se o meu *Doppelgänger*[4] sumisse, deixando apenas *isto*.

Salvador canta em espanhol, acompanhando-se ao violão. A música me envolve, me leva a voar feito um pássaro entre ravinas intrincadas. A voz dele me sacode do meu transe e eu me sinto animado. A canção é intermitentemente interrompida pela ânsia de vômito de uma pessoa, seguida por palmas, risos e vivas. Nós nos levantamos e balançamos com a música, entrando numa comunhão muda. Alguns casais se abraçam castamente. Ninguém fala. O canto do xamã preenche o silêncio entre nós.

Às 8:30 aparece um café da manhã: chá de ervas, passas, castanhas e fatias de maçã. Em seguida passamos uma hora desenhando com lápis de cor. Escrevo em fonte romana a palavra páli *viveka* (solidão) numa folha de papel. Seguindo atentamente os contornos das letras, traço linhas concêntricas de diferentes cores em torno de *viveka* até a palavra irradiar um halo de várias camadas.

---

4 Do alemão "sósia". (N. da T)

16

Mazu Daoyi, mestre zen do século VIII, disse certa vez:

> Todos deveriam perceber a própria mente como Buda. *Esta mente é a mente de Buda.* Tu que buscas a verdade perceba que nada há a buscar. Não há Buda, mas sim mente; não há mente, mas sim Buda.

O que Mazu quer dizer é simples. Qualquer coisa que você procura alcançar na meditação já está bem aqui, diante de seus olhos. Assim que usa palavras como "Buda", "iluminação" ou "verdade", você tende a imaginar algo distante da situação em que se encontra agora. Mazu nos diz que essas coisas somente são encontradas bem no meio daquilo que significa ser humano naquele instante. Não se encontram em outro lugar. Nem, ele está dizendo, estão escondidas em alguma outra dimensão da nossa psique. Estão bem aqui, na bagunça, confusão, escuridão e ansiedade da mente que lê estas palavras.

E, posso acrescentar, o corpo do Buda nada mais é do que o corpo sentado em sua almofada, o coração batendo, os pulmões inspirando e expirando o ar, os joelhos doendo de sentar-se de pernas cruzadas. Pare de diferenciar quem você pensa que é e quem pensa que Buda é.

Certa vez perguntaram a Mazu: "Qual é o significado do budismo?" Ele retrucou, "Qual é o significado deste momento?" Tente se desvencilhar de todas as noções que formou sobre Buda e budismo. Livre-se de todas as ideias que possa ter sobre iluminação. Em vez disso, fique simplesmente quieto, preste atenção no que está experimentando aqui e agora e deixe-se envolver apenas pelo mistério de ser humano, pelo enigma de estar aqui.

O que é esta coisa que estou experimentando agora em toda sua nua e crua vulnerabilidade, inefabilidade, banalidade? O que é isto? O que é esta coisa que foi jogada no mundo ao nascer? Esta coisa que irá adoecer, envelhecer e morrer? O que é isto? Abandone qualquer resposta a essa questão proveniente do budismo ou de outra fonte qualquer. Tire todas essas ideias da cabeça.

A prática do zen tem a ver com se entrar de acordo sobre quem ou o quê você é. Permita-se ser um mistério para si mesmo, em vez de um conjunto de fatos mais ou menos interessantes. A certa altura de suas vidas a maioria dos seres humanos experimenta algo assim. Pode ser num momento em meio à natureza, através da arte, ao se apaixonar, na prática da filosofia, na proximidade da morte. A qualquer momento em que você fique subitamente impressionado pelo fato de estar aqui em vez de não estar.

Quando perguntar, "O que é isto?" não limite o sentido de "isto" ao que é palpável nos confins da sua pele. "Isto" inclui a totalidade do que está presente neste momento: o que está surgindo de dentro e o que está acontecendo à sua volta. Pode-se até dizer que "isto" é o que antecede a distinção entre o eu e o outro, você e eu, você e o mundo, antes de eu pensar que estou aqui e você está lá. Algo primordial, como o sentido que uma criança pequena pode dar ao mundo.

A prática zen é sobre se abrir para esse mistério, permitindo-se ficar totalmente imerso na perplexidade ou maravilha que ele evoca, para que toda a consciência comece a ficar impregnada, não apenas quando se está em meditação. Seja sentado de pernas cruzadas numa almofada ou descascando batatas na cozinha, repare na estranheza absoluta de tudo isto. Permita que o espanto se apodere de você cada vez mais e torne-se parte da sua sensação de estar no mundo. O questionamento impregna sua atenção. A experiência é vivida de forma surpreendente e intrigante.

Sinto-me totalmente incapaz de botar em palavras aquilo que estou experimentando no momento. Não faço ideia do que está acontecendo aqui. A prática de "o que é isto?" nos confronta com o que os filósofos chamam de pura "facticidade" da sua existência. Trata-se da realidade inescapável do que é ser eu, algo aparentemente impossível de articular ou definir.

Essa é uma averiguação personificada. Ao perguntar pela primeira vez, "o que é isto?" em meditação, a pergunta pode provocar pouca fricção sobre como você se sente no próprio corpo. Pode simplesmente parecer um curioso exercício mental. Talvez não o detenha visceralmente. Com o tempo, porém, à medida que você vai entrando num estado de atenção mais tranquilo, mais lúcido, essa perplexidade começa a ecoar e reverberar pelos seus nervos, carne, ossos e pele.

Não guarde a expectativa de que algo irá acontecer. Espere apenas. Essa espera é uma profunda aceitação do momento como tal. Nietzsche a chamava de *amor fati* – amor incondicional, por não importar o quê o destinou a estar aqui. Você chega a um ponto em que está simplesmente lá sentado, perguntando, "o que é isto?" – mas sem interesse na resposta. O anseio por uma resposta compromete a potência da pergunta. Você consegue ficar satisfeito para repousar nessa confusão, nessa perplexidade, de maneira profundamente concentrada e incorporada? Esperando apenas, sem qualquer expectativa?

Pergunte "o que é isto?", depois se abra completamente para o que "ouvir" no silêncio subsequente. Fique aberto do mesmo modo como escutaria uma música. Preste total atenção à polifonia dos pássaros e do vento lá fora, ao eventual avião que passa lá em cima, ao tamborilar da chuva numa janela. Ouça atentamente e note como escutar não é apenas uma abertura da mente, mas também do coração, um carinho ou interesse vital pelo mundo, a fonte daquilo que chamamos compaixão ou amor.

17

Numa segunda-feira, cinco de fevereiro de 2001, um barco patrulheiro da Marinha chilena depositou Robert Kull e um gatinho numa ilha minúscula, desabitada, açoitada por chuvas e ventos na extremidade meridional da Patagônia. Depois de desembarcar o material de construção e os engradados de suprimentos na praia, o barco partiu. Escurecia. Bob arrastou umas tábuas e compensados mais para cima, fez uma plataforma para armar a barraca, pôs o gatinho numa caixa de papelão e se acomodou para passar a noite. Aos cinquenta e quatro anos, ele pretendia passar um ano ali, sozinho. A habitação humana mais próxima ficava em Puerto Natales, a uns cem quilômetros de distância, do outro lado de montanhas e fiordes intransponíveis.

Bob já estivera sozinho na natureza antes. Com quase trinta anos, ele abandonou o emprego numa madeireira, comprou uma canoa e remou pelo interior canadense por três meses. "A solidão profunda", escreveu mais tarde, "é estranha e poderosa, e muitas vezes assustadora. Eu quase me dei mal lá na Colúmbia

Britânica. Sem outras pessoas para me ajudar a manter minha identidade, a fachada de autossuficiência e autonomia começou a desmoronar". Esse colapso existencial precipitou uma experiência extática de união mística com a natureza que durou várias semanas. Foi quando ele decidiu que um dia passaria um ano sozinho na natureza.

Agora, a ilha onde Bob se encontrava era o mais distante possível de outros seres humanos. De sua cabana ele não via nada além de areia, oceano, rochas, árvores, nuvens, montanhas e geleiras. Nem barcos passavam por lá. Nenhum pescador, caçador ou mochileiro o perturbaria. Exceto por um servidor do governo que uma vez foi verificar seu bem-estar, ele bem que poderia estar na lua.

Bob registrou seu experimento de solidão radical num diário. Logo no início ele admite que "a escrita diária dá a sensação de romper a solidão".

> A voz da solidão precisa, em certo sentido, permanecer silenciosa. Assim que o solitário começa a falar, mesmo que seja escrevendo para um leitor imaginário, ele já não está verdadeiramente só.

O problema não é tanto o escrever, "mas pensar de antemão sobre o que irei escrever. Ao fazer isso não estou de fato aqui em solidão, mas num futuro imaginário onde alguém está lendo minhas descrições". Contudo, sempre que ele pensa em não escrever, "sou atingido por uma onda de isolamento e falta de companhia".

O diário narra a construção e manutenção da cabana, questões em andamento com um gerador eólico, painéis solares, um fogão à lenha e motores de popa, preocupações com água fresca, lenha, moscas pretas e dores nos ombros, observações de condores, águias, patos, golfinhos, focas e lapas, comentários sobre livros que ele está lendo e muita pescaria. À medida que seu tempo solitário se desenrola, o mar, a paisagem e o clima assumem aspectos variáveis e complexos e o gatinho é antropomorfizado como Gato. Bob estabelece uma rotina de meditação e introspecção filosófica, escreve poemas e tira fotografias. Após seis semanas, ele escreve: "Ontem vi rastos de um jato bem acima das montanhas pela primeira vez, mas não me afetou. Não estou com a sensação de supersolidão. Estou simplesmente aqui. É onde moro agora".

Bob pertence a uma inquieta cultura fronteiriça. Parece sentir-se à vontade com a espiritualidade americana sem amarras que remonta a Emerson e Thoreau, William James e Walt Whitman. Busca inspiração no *I Ching*, em Chuang-tzu, Rumi, Thomas Merton, Jiddu Krishnamurti, Alan Watts, Ken Wilber, Joseph Goldstein, Mary Oliver e Mihaly Csikszentmihalyi. Com seriedade, ele busca uma realização psicoespiritual que de um modo ou de outro abole o ego. "Para sermos completamente humanos", escreve, "precisamos nos relacionar não apenas com outras pessoas, mas com o mundo não humano, com nossas profundezas interiores – e com Algo Superior. Para mim, essa Presença não material é misteriosa e sagrada. Pode ser experimentada, mas não definida". Suas palavras ecoam um anseio de recuperar na solidão uma conexão com o que se costumava chamar de Deus.

Ele cita uma passagem de Merton, um monge trapista: "Toda a vida de um eremita é uma vida de adoração silenciosa. Sua solidão o mantém na constante presença de Deus. Seu dia inteiro, no silêncio da cela, ou no jardim, admirando a floresta, é uma comunhão prolongada". Bob não se convenceu. "Isso foi escrito por um homem que só olhava para o próprio umbigo ou estava enrolando o público", ele observa. Em toda sua extensa leitura, "a afirmação de Merton não encontra amparo em lugar algum".

Ao contrário. Mente e coração estão em todo lugar, do mais trivial, mundano e negativo ao alegre, pacífico e sagrado. A solidão é como o resto da vida, porém com menos chances de escapar à distração.

Há algo de banal e cotidiano na solidão. Mesmo na companhia de outros, passamos grande parte do tempo a sós, absortos em nossos mais íntimos pensamentos e sentimentos, conversando silenciosamente conosco mesmo. Quer se viva em Manhattan ou no meio do nada, essa é nossa condição.

Relendo seu diário e analisando a galeria de fotos de sua página na internet, uma imagem de Bob como o último homem na Terra passa a me perseguir. Sim, há muita beleza e alegria na natureza selvagem, mas somente quando se sabe que pode ser compartilhada com outros. Se Bob fosse o único sobrevivente de um Armagedom, desconfio que sua solidão na Patagônia seria um isolamento intolerável e sem sentido. Bob pode ter se distanciado fisicamente da humanidade, mas mantinha um *e-mail*, que usava para enviar sinais codificados de vida para seus amigos uma vez por mês e para conseguir apoio técnico para motores de popa alagados. Da mesma forma, seus amigos se afligiram na dúvida de lhe contar sobre os ataques de 11 de setembro em Nova York. (Decidiram não contar). Esse cordão umbilical invisível o deixou irrevogavelmente vinculado à comunidade humana.

"Talvez o aspecto mais útil do meu ano solitário na natureza selvagem", ele me escreveu alguns anos depois, em 2017, "foi passar a aceitar que meu mundo interno tem suas disposições climáticas inerentes, assim como o mundo externo. Foi reconhecer que não estou no controle e que dias cinzentos não significam que eu tenha feito algo errado; que todos os altos e baixos, claros e escuros, fazem parte de quem eu sou; de quem nós somos".

18

Aquele que não se importa com as coisas
vê o que há diante dos olhos, está aberto ao que é dito,
age conforme seus sentimentos.
Quem pode julgá-lo? Com que medida?
QUATRO OITOS, 3:6

Em 1554, o Rei Henrique II enviou uma frota com o intuito de estabelecer uma colônia para os protestantes franceses no Brasil, uma terra descoberta e reivindicada por Portugal no primeiro ano do século. No dia 10 de novembro de 1555, os franceses desembarcaram numa ilha da Baía de Guanabara e em seguida construíram um forte. Este serviria de base para uma colônia chamada "França Antártica". Cinco anos depois, os portugueses os expulsaram. Ao retornar a França, um desses colonos – possivelmente um marinheiro de Bordeaux – foi trabalhar na propriedade de Michel de Montaigne.

Montaigne o descreve como "um homem simples e rude – boas qualidades para falar a verdade". Através desse homem ele fica sabendo que as enfermidades são raras entre os povos do Brasil e nunca se vê uma pessoa "trêmula, sonolenta, desdentada ou curvada pela idade". Os índios atribuem sua boa saúde e longevidade à serenidade e tranquilidade do ar. Montaigne acha que ela tem a ver com "a tranquilidade e serenidade de suas almas". Essas pessoas são "bárbaras", diz ele, "somente porque foram "pouco influenciadas pelo intelecto humano e ainda estão muito próximas de sua simplicidade original".

Montaigne se imagina contando a Platão que "essa é uma nação sem qualquer tipo de comércio, sem conhecimento da escrita, sem compreensão dos números, sem ideia de magistrados ou hierarquia política, sem uso de criados, sem riqueza nem pobreza, sem contratos, sem heranças, sem divisões de propriedade, sem pressa nas ocupações, sem preocupações familiares, exceto por um mútuo respeito, sem roupas, sem agricultura, sem metais, sem uso de vinho ou milho. A que distância de tal perfeição Platão consideraria a República que imaginou?"

Aqui ele retrata um Jardim do Éden habitado por pessoas que Sêneca descreve como "recém-saídas das mãos dos deuses". Elas desfrutam naturalmente do sossego e lazer que Montaigne tanto valoriza em sua solidão. Esses índios despidos já estão vazios da presunção e opiniões que nos afligem. Montaigne anseia por tal inocência: "Quero ser visto", diz ele, "com meu aspecto simples, natural e comum, espontâneo e sem artifícios... Caso eu tivesse estado entre essas pessoas que, segundo dizem, ainda vivem sob a doce liberdade das primeiras leis da natureza, posso garantir que na maior boa vontade eu teria me descrito completo e completamente nu".

A admiração de Montaigne pela inteligência natural de cachorros, gatos e cavalos, seu respeito pela sabedoria inata dos camponeses e seu amor por banhar-se nu com estranhos em banhos públicos se justificam pelo que ele aprendeu desses índios.

Ele coleciona seus artefatos. "Em vários lugares, inclusive na minha casa, pode-se ver o estilo de suas camas, assim como seu artesanato de corda, espadas de madeira e braceletes com que protegem os punhos na batalha, além dos longos bambus de onde tiram som e marcam o ritmo de suas danças". Ele experimenta a comida básica dos índios, que lembra "bolos de coentro". "É adocicada e meio insossa".

Era tamanha a curiosidade sobre esses povos desconhecidos que alguns deles foram embarcados para a França e desfilaram pelo país. Como participante do exército real que retomou Rouen dos protestantes em 1562, Montaigne teve a oportunidade de conhecer três índios que estavam na cidade. Perguntou-lhes por suas impressões da França. Um deles explicou que na língua deles todos os homens eram chamados de "metades" uns dos outros. Aqui, ao contrário, eles viam "homens empanturrados e cheios de todo tipo de coisas boas enquanto suas metades eram mendigos em suas portas, macilentos de fome e pobreza". Eles estranhavam que "aquelas metades miseráveis sofressem tal injustiça e não agarrassem as outras pelo pescoço nem tacassem fogo em suas casas".

Ao ficar sabendo das conquistas de México e Peru pelos espanhóis, Montaigne se horroriza com as "trapaças e prestidigitações", com a brutalidade e ganância desenfreada dos conquistadores. "Era um mundo incipiente", diz ele, "e a chicotadas nós os submetemos às nossas doutrinas e disciplinas". Sem serem convidados, os espanhóis adentraram subitamente a solidão deles e a espatifaram. Contudo, o modo como essas pessoas se conduziram nas negociações revelou que "em nada eram inferiores a nós em sua natural clareza mental e senso de justiça". Quanto à "piedade, observância das leis, bondade, generosidade, lealdade e sinceridade, nos bem serviu não ter tanto quanto eles. Ao nos superarem nessas virtudes, eles se arruinaram, se venderam e se traíram".

Ao ler sobre a magnificência das cidades de Cuzco e do México, da grande estrada entre Quito e Cuzco, do excepcional artesanato em pedras preciosas e das pinturas, Montaigne deplora a destruição dessas civilizações. "Tantas cidades arrasadas, tantas nações exterminadas, tantos milhões de pessoas eliminadas pela espada, a parte mais linda e rica do mundo virada de cabeça para baixo: tudo para negociar pérolas e pimenta". Ele fica chocado que os espanhóis "não apenas confessam seus feitos, como se gabam deles aos quatro ventos". E esse genocídio foi justificado porque "o Papa, o representante de Deus na Terra, havia lhes concedido o domínio sobre todas as Índias".

Montaigne relata que o rei do Peru "foi condenado à forca e ao estrangulamento público, após ser forçado a negociar a agonia de ser queimado vivo aceitando o batismo". "Oh, por que", ele se pergunta, "não recaiu a Alexandre ou àqueles antigos gregos ou romanos fazer desta uma nobre conquista?" Aqueles homens "teriam gentilmente refinado esses povos, eliminando qualquer selvageria que houvesse e, ao mesmo tempo, incentivado e cultivado as boas sementes que a natureza havia neles plantado... Que renovação isso teria sido, que melhora do mundo se os primeiros exemplos de nosso comportamento lá apresentados tivessem inspirado aqueles povos a admirar a virtude e imitá-la, estabelecendo entre nós uma associação e compreensão fraternas".

19

Quando o danado do Salvador seriamente me oferece outro meio copo de *ayahuasca*, eu estremeço. Meu corpo sente repulsa diante da perspectiva de consumir algo que na noite anterior me fizera passar violentamente mal. Dessa vez o líquido preto tem um gosto horrível e imediatamente me deixa enjoado. Mastigo dois pedacinhos de gengibre cristalizado, mas não consigo disfarçar o gosto.

Com a maioria das substâncias psicoativas, os efeitos diminuem com o uso repetido, exigindo que se aumente a dose. No caso da *ayahuasca* não é assim, a pessoa não desenvolve tolerância. Quando a planta faz efeito, dou-me conta de que está tão potente, se não mais, quanto na noite passada. Dou uma golfada seca e depois a vontade de vomitar passa e os efeitos visuais rodopiantes cessam. Às vezes me sinto meio enjoado, mas só isso.

Entro num estado extático de contemplação. Sentado de pernas cruzadas ou encolhido no meu tapete de ioga, de pé ou andando pela sala com minhas meias grossas de inverno, comungo com a estranheza arrebatadora das coisas comuns. Estou em transe com a visão incompreensível de meus próprios olhos, enquanto reflito sobre meu reflexo no espelho do banheiro. Fico impressionado com a extrema beleza dos seres humanos. Extasiado, observo seus mais simples gestos: o colocar da mão numa maçaneta de porta, o abrir de uma janela, um suspiro.

O ruído silencioso de uma noite sem lua entra pela janela, impregnando a sala de ar frio. Fico olhando para uma bétula cinzenta, sentinela pálida e esguia contra a floresta sombria. Uma eternidade depois, retorno dessa intimidade com a natureza para meus camaradas humanos na sala. As mulheres estão inebriantemente delicadas e vulneráveis em seus movimentos e rostos de um modo que nada tem de sexual.

Ludwig bate repetidamente no chão com os punhos cerrados e se contorce no colchão. Sua angústia é torturante. Tenho dificuldade de aguentar aquilo e sinto vontade de sair da sala. Mas ninguém se mexe. Ficamos lá, envolvendo Ludwig em nosso abraço silencioso. Salvador canta uma canção curativa enquanto chacoalha sobre ele uma *chacapa*, um ramo de folhas secas de milho. As batidas e os gemidos aumentam e depois vão diminuindo aos poucos, até Ludwig repousar novamente.

Oskar cai no chão, espalhando vômito e diarreia em suas roupas e na cama. Vadik e Carsten apressam-se até ele com toalhas e baldes para limpar a sujeira e confortá-lo. Sob a luz de velas nesse sótão, a cena se transforma na obra de Caravaggio *A crucificação de São Pedro*, pintada no início do século XVII. Ali, no pronunciado contraste de tons do *chiaroscuro*, um velho desnorteado, seminu, está pregado numa cruz que está sendo içada por um homem que puxa uma corda enquanto outro, de pés sujos, agacha-se embaixo para ajudar a empurrar a carga com os ombros. Para mim, o coitado do Oskar deitado na própria imundície carrega o mesmo peso numinoso que o martírio de Pedro.

Deito-me e fico envolvido numa meditação sobre o olho humano. Observo a fina estrutura ótica do órgão em si, maravilhado com sua complexidade e beleza. Olhar num olho significa olhar no olho de alguém. E quando é a vez do seu olho olhar para mim, ele silenciosamente implora, nas palavras de Emmanuel Levinas: "não me machuque". Uma sucessão de rostos queridos passa diante de mim: familiares, amigos, colegas, alunos... Queria tê-los aqui, participando desta cerimônia também. Sou trespassado pelo meu amor por cada um deles. De repente, estou olhando nos olhos do rato que capturei numa gaiolinha de arame no verão passado. Aquelas minúsculas órbitas pretas brilham e pedem: "por favor, não me faça mal". Sinto a culpa e a vergonha de armar a cilada para o rato. Eu o soltei numa mata distante em vez de matá-lo. Mesmo assim sei que posso ter separado uma mãe de seus filhotes. Sei que suas chances de sobreviver podem ser parcas fora do próprio território. Quero levar uma vida de completa inocuidade, mas fracasso.

20

sobre a meditação (*jhāna*)

gautama, o buda

passagens escolhidas do cânone páli

Eu disse a mim mesmo: "Essas penosas austeridades não me levaram a estados transcendentes, a nenhum conhecimento ou visão enobrecedora. Será que existe outro caminho?"
   Então, lembrei: "Certa vez, estando meu pai no trabalho, fiquei lá sentado na sombra fresca de um pé de jambo. Desprovido de desejos sensoriais ou ideias inaptas, entrei pela primeira vez em meditação, que foi acompanhada por pensamentos e reflexões, pelo arrebatamento e bem-estar nascidos da solidão. Seria esse o caminho?"

Com essa lembrança, dei-me conta: "Sim, esse é o caminho. Por que temer um bem-estar que nada tem a ver com desejos sensoriais ou ideias inaptas? Não há motivo para temer esse bem-estar. No entanto, é difícil experimentá-lo com o corpo tão fraco. Por que não como alguma coisa sólida?" Então comi um pouco de arroz cozido e manjar de leite.

∽

Imagine um hábil assistente de banhos, ou seu aprendiz, que põe sabão em pó numa bacia de metal, respinga um pouco de água e o sova até virar uma bola, de modo que a bola de sabão fica permeada, circundada, impregnada de umidade, por dentro e por fora, mas sem vazamentos. Assim, o meditante impregna o corpo com o arrebatamento e bem-estar nascidos da solidão, de modo que todas as suas partes ficam imbuídas daquele arrebatamento e bem-estar.

Imagine um lago profundo cujas águas brotam de baixo. Ele não tem entradas para córregos que venham do leste, do oeste, do norte, do sul e nem é preenchido por chuvas oportunas. Mesmo assim, uma corrente de água fria que brota dentro do lago inunda todo o corpo d'água, de modo que nenhuma de suas partes deixa de ficar impregnada. Assim, o meditante impregna o corpo com o arrebatamento e bem-estar nascidos do recolhimento, de modo que todas as suas partes ficam imbuídas daquele arrebatamento e bem-estar.

Imagine lagoas com flores de lótus azuis, vermelhas ou brancas que germinaram, cresceram e nunca subiram à tona. Essas plantas se desenvolvem embaixo da água. Desde as raízes até as pontas, estão impregnadas de água fria, de modo que nenhuma de suas partes deixa de ficar embebida. Assim, o meditante impregna o corpo com o bem-estar destituído de arrebatamento, de modo que todas as suas partes ficam imbuídas daquele bem-estar.

Imagine uma pessoa sentada, coberta da cabeça aos pés por um pano branco, de modo que nenhuma parte de seu corpo deixa de ser tocada por ele. Assim, o meditante senta-se, impregnando o corpo com a pureza e luminosidade de sua mente, de modo que todas as suas partes ficam impregnadas por aquela mente pura e luminosa.

Imagine um fino cristal hexagonal, polido, brilhante, transparente, sem defeito, atado a um fio azul, amarelo, vermelho, branco ou incolor. Uma pessoa de visão aguçada, segurando-o na mão, refletiria: "Eis aqui um fino cristal hexagonal, atado a um fio azul, amarelo, vermelho, branco ou incolor". Assim, quando a mente está serena, pura e luminosa, o praticante a direciona e inclina para o saber e o ver. Ele compreende: "Este é o meu corpo, tendo forma física, composto de quatro elementos, nascido de pai e mãe, nutrido com arroz e caldo, impermanente, passível de ser quebrado e destruído, e esta é minha consciência, por ele sustentada e a ele atada".

⁓

Assim como o Ganges se enviesa, inclina e desce em direção ao leste, o praticante que desenvolve e cultiva as quatro meditações também se enviesa, inclina e desce em direção ao nirvana.

21

Logo após a morte de Vermeer, em 1675, entre as obras em seu estúdio havia uma pintura alegórica chamada *Schilderkunst (A arte da pintura)*. De costas para o espectador, um pintor está sentado num banco diante de uma tela apoiada num cavalete. Uma jovem de vestido de cetim azul, segurando um livro junto ao peito e um trompete com a mão direita, posa para ele. O pintor começou a retratar as folhas tingidas de azul de sua tiara. Um dos pés de apoio do cavalete está no piso de ladrilhos quadrados alternados de preto e branco. O outro pé do cavalete está claramente visível acima da boina do pintor, mas onde ele deveria aparecer no piso ao lado de seu pé, não há nada. Pelas leis da física o cavalete não poderia estar de pé.

Não me agrada que a palavra "arte" seja a mesma para "artifício" e "artificial". Valorizo a arte como um modo de falar a verdade. Recuso-me a pensar em *Amor distante* de Agnes Martin como algo falso. Mas, à medida que examino a mulher de vestido azul em *A arte da pintura*, fico achando que ela está tirando sarro de mim. Suas pálpebras trêmulas e a inclinação travessa de seus lábios sugerem que ela não está levando nada disso a sério. "Isto", ela parece dizer, "é só uma pintura de uma pintura sendo pintada, uma tentativa de dizer algo verdadeiro sobre a fabricação de ilusões."

Quanto mais eu olho para as pinturas de Vermeer, mais teatrais me parecem. A filha de um rico negociante experimentando um colar de pérolas se transforma em uma das amigas ou pessoa da família do artista, vestida em roupas requintadas e desempenhando um papel numa charada. Vermeer não tenta esconder o que está fazendo. Os mesmos acessórios – mesas, tapetes, cadeiras, trajes e decorações de parede – são rearranjados no cômodo que quase sempre parece ser o mesmo. Observando esses atores, eu detecto sua cumplicidade com o artista. Alguns acadêmicos identificaram Vermeer na figura sorridente, libertina, que segura uma taça de vinho em uma de suas primeiras pinturas, *A alcoviteira*. Isso reforça minha ideia dele como trapaceiro, bufão, palhaço.

Johannes Vermeer e Agnes Martin pintavam de costas para o mundo. Cercado de crianças barulhentas numa casa em Delft ou sozinha numa chapada no deserto do Novo México, ambos seguiam a mesma vocação solitária. Eles deixaram telas recobertas de pigmentos, montadas em molduras de madeira, que alcançaram significado icônico, se não transcendental. Pintores e escritores necessitam de solidão para forjar e refinar a visão de sua arte. Passam longos períodos a sós com seu trabalho, anônimos, ignorados, perseguidos pela perspectiva do ridículo ou do fracasso. Solidão é uma condição necessária para o desenvolvimento de sua imaginação e habilidade.

Ficar a sós diante da escrivaninha ou em seu estúdio não é suficiente. É preciso livrar-se dos fantasmas e críticos internos que o perseguem onde quer que você vá. "Quando você começa a trabalhar", disse o compositor John Cage, que também pintava, "todo mundo está no seu estúdio – o passado, seus amigos, inimigos, o mundo da arte, suas próprias ideias – está tudo lá. Mas à medida que se continua pintando, eles começam a ir embora, um por um, e você fica completamente sozinho. Depois, se tiver sorte, até você vai embora".

A solidão é considerada uma aberração. A pessoa que se mantém à parte é rotulada de "antissocial", "reclusa", até "misantropa". Fora a execução, o confinamento solitário é considerado o pior tipo de punição. "Fomos extenuantemente condicionados contra a solidão", observa Agnes Martin. "Ficar só é considerado um problema atroz e perigoso". Ela incentiva os artistas a se lembrarem de momentos em que estavam sozinhos e a examinar atentamente suas respostas à falta de companhia. Ela os aconselha a criar oportunidades de estar consigo mesmos e a evitar companhias desnecessárias, até mesmo de cães e gatos. Sugere que aqueles que gostam de ficar só tornem-se "trabalhadores sérios no campo da arte".

Fechando a porta, você se encontra diante da tela, da folha de papel, do pedaço de argila, da tela do computador. Outras ferramentas e materiais estão em volta, ao alcance da mão, esperando para serem usados. Você retorna à sua conversa silenciosa com o trabalho. É um processo bidirecional: você cria a obra e depois responde a ela. A obra pode inspirá-lo, surpreendê-lo e chocá-lo. Para Martin, é fundamental entender sua reação ao próprio trabalho, para saber a sensação que ele lhe provoca. Desse modo, "você descobre seu caminho e a verdade sobre si mesmo". O ato solitário de produzir arte envolve um diálogo intenso e sem palavras.

22

Em 2016, participei de dois retiros de *jhāna*, cada um com duração de sete dias, com Leigh Brasington, um professor americano de meditação: o primeiro foi em agosto, na Inglaterra, e o segundo em dezembro, em Portugal. A palavra páli *jhāna*, significa meditação. Para distingui-la de outras meditações, muitas vezes é traduzida como "absorção". As *jhānas* descrevem um arco de quatro fases de recolhimento (*samādhi*), começando por um estado concentrado de arrebatamento e bem-estar, acompanhado de reflexão e análise, e culminando num estado de imobilidade e bem-estar caracterizado por lucidez e serenidade. Essas meditações são apresentadas como formas de estabilizar e aguçar a mente para que se veja mais claramente a natureza das coisas.

Após rejeitar as formas tradicionais de meditação e ascetismo correntes em sua época, Gautama relembrou uma experiência que tivera quando criança. Sozinho, sentado embaixo de uma árvore, ele subitamente se encontra no que ele chamaria de "primeira *jhāna*". Sua lembrança desse estado extático o levou a readquirir confiança na própria intuição inocente, em vez de se apoiar na autoridade de mestres de meditação ou em práticas consagradas de ascese. "Sim", disse a si mesmo, "este é o caminho". Deu-se conta de que nada havia de errado com tal felicidade que surgia inteiramente de seu interior. Assim, ele retornou à prática de *jhāna* até chegar ao despertar.

Dada a centralidade desse episódio da história da vida de Buda, é estranho que tão poucos professores budistas incentivem seus alunos a praticar as *jhānas*. Alguns até dizem aos alunos para evitá-las, devido ao risco de se apegarem aos sentimentos prazerosos a elas associadas. Outros as apresentam como estados mentais tão avançados e sutis que são efetivamente inatingíveis para os não especialistas. Em meu treinamento, nunca fui aconselhado a praticar as *jhānas*. Essa reticência tradicional não deteve a monja alemã Ayya Khema (1923-1997), que as redescobriu para si mesma e depois as ensinou para os alunos, entre os quais o autodesignado "ex-hippy programador de computadores", Leigh Brasington.

As instruções de Leigh para entrar em *jhāna* são simples. Você começa se concentrando na respiração como na prática de *mindfulness*. Em seguida volta a atenção para as sensações no lábio superior criadas pela passagem da entrada e saída do ar. Com o tempo, essas sensações se fundem no que é sentido como um ponto fixo, sólido. Uma vez conseguindo manter a atenção nesse ponto por vários minutos, você dá um leve sorriso para si mesmo e muda o foco para a sensação prazerosa que acompanha o sorriso. Conforme você se demora nesse prazer de modo relaxado e desinteressado, como Leigh coloca, "a *jhāna* o encontrará".

Assim que comecei a seguir as instruções de Leigh no primeiro dia do primeiro retiro, entrei quase imediatamente em um estado meditativo calmo e estável. Naquela noite, deitado na cama, um perfeito contentamento preenchia meu corpo. No decorrer do dia seguinte, a prática me levou a uma contemplação serena e profunda da natureza trágica e efêmera da minha vida, o que foi comovente e sóbrio. Não tive distrações enquanto meditava, mas também nenhum arrebatamento. Os sentimentos agradáveis, até de beatitude, que permeavam meu corpo e mente se pronunciavam mais quando eu caminhava lá fora, tomava chá ou me deitava depois das sessões de meditação do que durante elas.

Percebi que a prática de *samādhi* é como pisar no freio e parar, o que permite que toda uma nova perspectiva se abra em relação à vida, baseada no contentamento corporal imóvel e concentrado.

Às 11 horas da manhã do quarto dia, Leigh deu uma palestra sobre os matizes do sentimento. Sentado numa cadeira, eu escutava educadamente. Então, notei a formação de sensações no centro do meu peito, que começaram a se irradiar num fluxo extático. Fui ficando totalmente imerso naquilo à medida que se apresentava, às vezes em disparadas que me faziam inclinar para frente e balançar para os lados. Dei-me conta de que aquilo devia ser o arrebatamento.

Na concentração comum, é preciso manter a atenção no objeto, mas o que prendia minha atenção agora era o arrebatamento centrado no meio do meu peito, que ia se impregnando por todo o corpo. Eu não precisava fazer nada. Ao mesmo tempo, estava totalmente consciente de tudo o que acontecia à minha volta. Isso continuou ininterruptamente até a batida do sino às 12:30 e não parou durante o almoço. Em seguida, fui para o meu quarto. Deitei de costas, respirei fundo, como Leigh havia aconselhado, e relaxei, o que resultou na diminuição do arrebatamento e me deixou imbuído de um contentamento luminoso, que se estendia por todo o corpo.

Fui dar uma caminhada no vilarejo de West Ogwell, tranquila e beatificamente ciente de tudo que encontrava. Ao passar por um chalé, notei um cachorro no pátio e fui até as grades do portão para afagá-lo. Ao captar seus olhos tristes, fui tomado pelo ressurgir do arrebatamento no centro do peito, o que me deu falta de ar e quase me fez perder o equilíbrio. Cambaleei até uma tora, onde me sentei para me recuperar. O arrebatamento não se manteve como o da manhã, mas continuou em forma física, permanecendo comigo enquanto eu continuava lentamente minha caminhada. Mas, assim que retornei ao salão e me sentei em meditação, ele sumiu.

Se isso é *jhāna*, então *jhāna* não é (como eu havia suposto até então) uma simples intensificação da concentração que se desenvolve como na prática de Vipassana ou da meditação zen. É de outra ordem. Faz a pessoa mudar para uma atitude física-mental totalmente diferente. É um dom. E não é um simples precursor de outros vislumbres, mas proporciona outra perspectiva sobre a compreensão que a pessoa já desenvolveu e sua consolidação.

Dormi mal naquela noite e no dia seguinte combati a expectativa do arrebatamento, a qual, eu desconfiava, impedia sua ocorrência. Não posso negar que gostei da experiência incomum e extática do dia anterior, de tal modo que me fez ansiar por mais. Para provocá-la comecei a forçar aquele sorriso até que, no meu olho interno, o sorriso virou o rito da caveira sorridente. Meu humor em baixa dificultou a geração de qualquer senso de beatitude – tudo que eu fazia parecia raso e artificial.

O segundo retiro de *jhāna* naquele inverno em Portugal não foi tão extraordinário e agitado como o primeiro. Consolidou minha prática de recolhimento, tornando minha meditação mais fundamentada, incorporada e imóvel. Instalou-se em mim uma ausência de distração que permanecia, não importando o que acontecesse em volta. Às vezes, a meditação ficava muito tranquila e eu me sentia mudando de marcha, por assim dizer, conforme um "espaço vibrante" de pura concentração assumia o controle. Ocasionalmente, uma luz branca difusa permeava minha consciência. Uma vez fiquei convencido de estar flutuando a quase dois metros do chão. De novo, os efeitos da meditação eram muitas vezes mais aparentes fora das sessões formais. Andando devagar pelos pomares em torno do retiro, eu me encontrava em repouso numa espaçosa clareza mental, mais palpável que qualquer dos pensamentos e emoções que ocorriam internamente.

A definição clássica da primeira *jhāna* a descreve como "nascida da solidão". Treinar a mente a ficar em recolhimento prolongado, claramente requer a remoção das distrações e pressões da vida cotidiana. Mas isso é insuficiente. A solidão que dá origem à primeira *jhāna* é primordialmente um estado de espírito. Tal solidão interior se caracteriza pelo deleite, conforto e liberdade que advêm quando já não se é a marionete dos próprios desejos, aversões, baixos e altos níveis de energia, dúvidas e ansiedades. Portanto, as *jhānas* são uma consequência natural do desenredar-se de padrões habituais e mudanças de humor que nos atormentam.

Em uma de suas palestras, Leigh citou o filósofo budista Nāgārjuna, que dizia:

Não há caminhada sem caminhantes
E não há caminhantes sem caminhada.

Da mesma forma, não pode haver meditação sem meditante, *jhāna* sem praticante de *jhāna* e praticante de *jhāna* sem *jhāna*. E, como cada praticante de *jhāna* é diferente do outro, a *jhāna* que eu experimentei pode ser bem diferente da *jhāna* que você experimenta.

Uma *jhāna* não possui existência independente da pessoa que a está praticando. Vai significar algo diferente, dependendo da experiência, perspectiva, crenças, e assim por diante, do meditante. A relação interdependente entre *jhāna* e meditante fará surgir algo imprevisível em sua especificidade. Os textos, portanto, só podem nos dar uma orientação aproximada, uma regra prática, quanto ao que será a experiência de *jhāna*.

Arrebatamento e bem-estar impregnam o corpo, independentemente de qualquer contribuição sensorial externa. Podem variar em intensidade e qualidade para cada pessoa. As opiniões amplamente diversas quanto ao que é *jhāna* simplesmente refletem os diversos modos e níveis com que ela ecoa em diferentes meditantes. A prática de *jhāna* me capacitou a reconhecer e me sintonizar ao tom afetivo e somático ideal para minha prática contemplativa.

Nem sequer os acadêmicos concordam sobre o que são as *jhānas*. Quase no final do retiro em Portugal, li a tese da acadêmica israelita PhD Keren Arbel sobre as quatro *jhānas*. Ela diz: "A pessoa entra em *jhāna* não ao fixar a mente ou ficar absorta na contemplação de um objeto, mas liberando e abandonando o ponto de partida que é a mente insalubre... As quatro *jhānas* não devem ser percebidas como um campo estreito de consciência, direcionado a um único ponto, mas como um amplo campo de consciência não direcionada". Para Keren, as *jhānas* não são um transe absorto, mas a efetivação e incorporação da compreensão.

23

A *ayahuasca* é às vezes chamada de *La Purga* – o purgante. É tentador considerar o vomitório como mero efeito colateral da planta medicinal. Agora, refletindo sobre isso, considero-o parte integral e necessária da experiência. Nas duas noites, a jornada seguiu um arco semelhante: a formação de sensações corporais; a aparição das visões coloridas, retorcidas; as ânsias de vômito e o vomitar; depois o acomodamento numa contemplação lúcida, imóvel e equânime. Esse arco começa pela dissolução da percepção que temos de sermos um observador crítico e ansioso, seguida pela descida a uma aguçada consciência somática e participante de tudo que está se desenrolando internamente e em volta.

Duvido que a simples ingestão de uma substância psicoativa como a *ayahuasca* vá produzir sabedoria, amor ou iluminação. A planta amplifica os valores da cultura ou religião a que a pessoa já pertence. Mesmo que não sejam conscientemente evocados, tais valores subscrevem os motivos para tomar a substância e estabelecem a estrutura para a interpretação de seus efeitos. A *ayahuasca* não é um atalho: ela catalisa, esclarece e talvez acelere um processo que já está em andamento. Os ayahuasqueiros referem-se às sessões como "trabalho". As cerimônias podem ser desafiadoras e perturbadoras. Mais de uma vez ouvi que a experiência se compara ao reiniciar de um computador. A reação química que ocorre entre os alcaloides e os nossos neurotransmissores é apenas um dos muitos fatores que contribuem para a experiência geral.

Seja na prática de meditação ou participando de uma cerimônia xamânica, liberamos em nosso sistema substâncias químicas que afetam o estado de consciência. Será que importa se essas substâncias são a dopamina, a norepinefrina ou a serotonina circulantes em nosso organismo ou a mescalina e a dimetiltriptanina introduzidas pela ingestão dessas plantas? Uma vez abandonando a ideia de uma mente ou espírito que existe independente do corpo físico, precisamos aceitar que somos feitos das mesmas moléculas que compõem o mundo natural. Extinguindo a separação entre mente e corpo que caracteriza a maioria das religiões (inclusive o xamanismo amazônico e o budismo), nós embarcamos numa prática que já não busca separar o eu do mundo físico, mas alegremente abraça esse mundo como parte de quem e daquilo que somos.

Sentado no trem de volta a Bordeaux, trinta e seis horas após tomar a última dose, os efeitos da planta ainda estão levemente presentes, mas de modo palpável. Não me sinto fisicamente exausto, nem mentalmente esgotado. Minha noção do mundo e de suas criaturas está impregnada de curiosidade e exaltada atenção. Minha ansiedade circunstancial e as preocupações irritantes que esta provoca simplesmente evaporaram. Todavia, estou enjoado e ainda não readquiri o apetite para comer. Cada vez que tusso, os músculos laterais doem devido ao esforço para vomitar. Sinto um leve refluxo ácido na garganta e nas narinas.

Seguindo as instruções de Salvador, continuei jejuando por três dias após a cerimônia. Como menos e evito carne, queijo, vinho, cebola, alho e café. Um dia antes do final do jejum, decido não beber mais álcool. Não é uma decisão moral, mas física. Depois de anos tomando vinho quase todas as noites, repentinamente uma taça de Saint-Estèphe já não me atrai. A planta medicinal me habilitou a ter um relacionamento com o álcool sob uma perspectiva completamente diferente. Acho a ideia de consumi-lo mais desconcertante do que repulsiva.

Nos dias que se seguiram, sempre que eu via uma boa garrafa de vinho, ainda pensava: "Eu gostaria de uma taça deste". Mas a ideia não era seguida pelo impulso físico para agir. Não ocorria um ímpeto visceral de saudade. A ideia já não desencadeava o desejo. Nos meses seguintes, tais ideias também sumiram. Continuei apreciando a sensação física de *não* beber. Eu sentia como se uma contração muscular tivesse se desfeito, abrindo uma comporta interior que liberava sentimentos de leveza, contentamento e tranquilidade.

Eu não achava meu hábito de beber problemático, embora admita prontamente que podia estar me iludindo. Meus motivos para participar da cerimônia não incluíam o desejo de renunciar ao vinho. A consequência mais inesperada da minha experiência com *ayahuasca* foi purgar esse hábito. A planta conseguiu algo em quarenta e oito horas que os alertas de saúde do governo e a moralização budista não tinham conseguido fazer em décadas. Em junho de 2019, enquanto finalizo este manuscrito para publicação, fico ciente de não ter tomado uma gota de álcool por mais de dois anos e meio.

Elogio à solidão

24

sobre a soberba

michel de montaigne

passagens escolhidas dos ensaios

Sou muito ignorante a respeito de mim mesmo. Fico maravilhado com a convicção e segurança que as pessoas têm em sim mesmas e de si mesmas – enquanto não há quase nada de que eu tenha certeza e possa garantir que sei fazer. Não tenho uma lista das minhas habilidades; tomo conhecimento delas somente depois que fizeram seu trabalho.

A filosofia nunca joga um jogo mais lindo do que ao contestar nossa soberba e vaidade; quando francamente reconhece suas próprias indecisões, fraquezas e ignorância. A ama de leite que amamenta as opiniões mais ilusórias, tanto públicas quanto privadas, é a opinião excessivamente boa que alguém tem de si mesmo.

Eu me considero um exemplo típico de pessoa, exceto na medida em que me considero como tal.

Meu paladar é sensível e difícil de agradar: especialmente no que tange a mim mesmo. Eu sempre me desaprovo. Em todas as situações sinto-me à deriva e sucumbindo de fraqueza. Nada tenho de meu que consiga satisfazer meus gostos.

Não importa quantas vezes eu revise meus escritos, em vez de me agradarem, me decepcionam e irritam. Sempre tenho uma ideia em mente, uma imagem embaçada, de uma expressão muito melhor do que a usada, mas, como num sonho, não consigo apreendê-la nem desenvolvê-la.

Eu não sei como agradar, alegrar nem estimular; a melhor história do mundo seca em minhas mãos e vira uma ladainha. A única coisa que sei é falar com seriedade. Sou desprovido da facilidade, que vejo em muitos dos meus conhecidos, de jogar conversa fora com cada recém-chegado, prender toda a atenção de uma plateia ou envolver um príncipe em todo tipo de assunto sem o entediar.

Minha mente é preguiçosa e embotada: um mero fiapo de nuvem interrompe seu curso. Meu entendimento é lento e confuso, mas, uma vez que captou algo, o mantém bem, enlaçando-o num abraço bem apertado, completo e profundo.

Incapaz de controlar acontecimentos, controlo a mim mesmo: ajusto-me a eles, se eles não se ajustarem a mim.

Prefiro que meus infortúnios sejam genuínos, aqueles que não me deixam mais tenso ou preocupado com a possibilidade de serem resolvidos, mas desde o princípio me mergulham direto no sofrimento.

O degrau mais baixo é o mais firme: é a sede da constância. Sendo a própria fundação, ele repousa inteiramente em si mesmo.

A verdade é o primeiro e fundamental componente da virtude. Deve ser amada por si só.

Por natureza, minha alma se recusa a mentir e odeia até pensar nisso. Sofro uma vergonha interna e fico trespassado de remorso caso uma mentira me escape, como às vezes acontece quando as circunstâncias me obrigam a improvisar.

É por isso que me rendo à sinceridade: tanto por natureza quanto por inclinação, eu sempre digo o que penso – e deixo as consequências nas mãos da Sorte. Aristipo dizia que o principal benefício que ele tirava da filosofia era conseguir falar livre e abertamente com qualquer um.

Assim, eu fico com minhas dúvidas e minha liberdade de escolher até que a situação me force a decidir. Depois, para falar a verdade, eu geralmente "jogo a cautela ao vento", como dizem, e me rendo à clemência da Sorte: deixando que o mínimo capricho ou circunstância me carregue.

A incerteza do meu julgamento é de tal forma equilibrada na maioria das ocasiões que eu recorreria alegremente à decisão pelo dado ou tirando cara ou coroa.

Em minha conduta faço pouco uso da inteligência: prontamente me deixo levar pela ordem usual deste mundo. Felizes aqueles que fazem o que lhes dizem para fazer em vez de dizer aos outros o que fazer, que não ficam agoniados sobre a causa das coisas, mas deixam-se levar suavemente ao ritmo dos céus.

As pessoas sempre olham para aquilo que as encara: quanto a mim, eu viro o olhar para dentro. Lá o planto, lá o protejo. Todos olham para frente. Quanto a mim, eu olho para o meu interior. Lido somente comigo mesmo. Penso em mim mesmo incessantemente, me regulo, me degusto.

Talvez devido ao meu contato atual com os humores dos antigos e à impressão que tenho daquelas ricas almas do passado, ando desgostoso comigo mesmo e com os outros. Na verdade, vivemos numa época que só produz mediocridade.

O tipo de gente menos merecedora de desdém é aquela que pela simplicidade de sua natureza assume as posições inferiores. Essas pessoas nos oferecem um encontro mais honesto. Descubro que os costumes e pontos de vista dos camponeses estão mais de acordo com o ensinamento da verdadeira filosofia do que os dos filósofos.

25

GWANGYANG, COREIA DO SUL, OUTUBRO DE 2013.
Aquele outono me pegou mal preparado para subir a pé até Baekun Am, o eremitério na Montanha da Nuvem Branca. De manhã cedo garoava fininho e agora caía o maior aguaceiro, constante e sombrio. Ao deixar o templo principal no vale abaixo, nosso grupo de peregrinos se desviou da estrada e pegou um caminho íngreme e estreito pela floresta. Não demorou e já seguíamos em meio à folhagem molhada. Minhas roupas estavam ensopadas e os sapatos leves escorregavam e chapinhavam durante toda a subida. Eu estava com frio e irritado.

Os coreanos, como os britânicos, ignoram com ânimo um clima inclemente. Após virarmos em várias trilhas que se esvaíam até sumir – sempre ocasiões para muito riso – descemos por um caminho escarpado que nos levou ao minúsculo eremitério. As nuvens estavam se dissipando e o céu se abria hesitante em retalhos de luz solar, iluminando os pinheiros que iam desaparecendo por entre a bruma abaixo. Num terreno plano de pedra no topo de uma garganta abaixo de um penhasco de rocha clara, Baekun Am não passava de uma choupana dilapidada com teto de zinco. Era o lar de um jovem monge com barba por fazer, que vestia camisa e calças de algodão cinza. Sua fisionomia se iluminou ao nos ver e ele desapareceu no interior da cozinha esfumaçada para fazer chá.

Oitocentos anos atrás, em 1205, o mestre zen Chinul passou o outono fazendo retiro em Baekun Am. Certo dia foi visitá-lo um monge, Hyesim. Enquanto "descansava no pé da montanha, ainda a mais de mil passos do eremitério", Hyesim ouviu Chinul chamar seu assistente e pedir chá, o que o levou a escrever os seguintes versos:

> Ouço o chamado por um garoto
> ecoando pelo pinheiral nebuloso,
> o aroma de chá macerando
> desce esta trilha pedregosa.

Chegando ao eremitério, Hyesim recitou o poema para Chinul, que riu e deu a Hyesim o leque que estava segurando. Hyesim proferiu os versos:

> Ao cruzar com uma pressa impetuosa
> E feitos malucos —
> A boa ideia é
> Acalmá-los.

Cinco anos depois Chinul morreu. Aos trinta e dois anos, Hyesim foi ordenado por decreto real para liderar a "Comunidade Prajñā e Samādhi" fundada por Chinul onde é hoje o mosteiro de Songgwang Sa.

Já passando dos vinte e seis, fiquei cerca de quatro anos em Songgwang Sa, em treinamento como monge zen sob a orientação de Kusan Sunim. Durante três meses no verão e outros três no inverno eu meditava dez horas diariamente. A primeira sessão começava às três da madrugada e a última terminava às 21 horas. Cada hora envolvia ficar sentado de pernas cruzadas numa almofada por cinquenta minutos e outros dez caminhando rapidamente em volta do salão. Os únicos sons eram o tique-taque mecânico de um relógio de dar corda em uma das paredes e o periódico *plá!* de um *djukpi* de madeira batido pelo líder da prática.

Ao abrir os olhos, eu via um pedaço de papel encerado amarelo ocre que cobria o piso onde eu me sentava e uma parede branca e lisa à frente. Como havia papel de arroz colado na treliça das portas e janelas, não era possível enxergar o exterior. Havia cerca de dez monges no salão em cada sessão, mas eu raramente estivera tão completamente só.

Tudo que eu precisava fazer era perguntar: "O que é isto?" Minha mente logo se cansou das respostas engenhosas que evocava. Propor a pergunta era mais interessante do que encontrar uma solução. Enquanto eu sondava e explorava os fatos nus e crus de estar vivo, minhas opiniões acumuladas sobre a vida e seu sentido sumiram. Passei a repousar numa amplitude de perplexidade e ignorância. Questionar e não saber deixou de ser algo excepcional; penetrou minha carne e meus ossos, alentando meus sentidos.

Agora em Baekun Am, eu sorvia meu chá numa xícara de porcelana lascada. Retornava à Coreia depois de vinte e oito anos. Tinha engordado e o que restava dos meus cabelos estava branco. Nenhum dos meus amigos coreanos me reconheceu. Eu não estava nem um pouco mais sábio sobre o que "isto" é. Estava era mais perplexo que nunca.

Essa peregrinação homenageava o trigésimo aniversário de morte de Kusan Sunim, em 1983. Liderados por seu discípulo coreano Hyonho, estávamos viajando de ônibus aos lugares em que nosso mestre havia meditado, trabalhado e ensinado. Como Chinul, Kusan também havia passado um tempo em retiro em Baekun Am. Assim como Hyesim havia conhecido Chinul aqui, o mesmo ocorrera entre Hyonho e Kusan. Conforme os dias passavam, ficou claro que não havíamos subido essa montanha remota meramente para contemplar os benefícios da solidão.

O mosteiro se preparava para outra sucessão. Após a morte de Kusan, Ilgak Sunim tornou-se o mestre zen. Após a morte de Ilgak, Posong Sunim o sucedeu. Agora, velho e sem firmeza, Posong já não conseguiria realizar seus deveres por muito mais tempo. Aproximando-se a hora da sucessão, os membros mais velhos da "família" monástica realizavam manobras para chegar a uma posição favorável e ser selecionado para o posto.

Uma equipe da Rede Budista de Televisão nos acompanhava aonde quer que fôssemos. Um documentário de dois episódios estava sendo realizado sobre a peregrinação, dando destaque a nós ocidentais e a um nativo de Sri Lanka. O operador de câmera, Sr. Jang e o técnico de som, Sr. Kim, filmaram nossa árdua subida até Baekun Am. Tendo como pano de fundo floresta, rochas e céu, cada estrangeiro foi convidado a dar um depoimento para a câmera sobre suas impressões do eremitério e lembranças de Kusan.

A solidão é convertida em capital religioso. Retirar-se dos assuntos mundanos torna-se um ativo político. As dificuldades envolvidas na renúncia geram receita, poder e renome. Meditar por meses a fio num salão zen é uma coisa boa, mas na mente coreana a iluminação está intimamente ligada à prática solitária em lugares como Baekun Am. Após renunciar à sua posição de chefe de assuntos monásticos da província de Cholla-Namdo, Kusan Sunim passou três anos aqui, o que culminou num despertar que ele registrou em versos:

Ao penetrar fundo num poro de Samantabhadra,
Manjushri é preso e derrotado.
Agora a grande Terra se aquietou.
Faz calor no dia do equinócio de inverno;
Os pinheiros estão verdes por natureza.
Um talhador de pedras, dirigindo um guindaste, voa sobre as montanhas azuis.

26

Aldous Huxley morreu na Califórnia em 22 de novembro de 1963, alheio ao que acontecera mais cedo naquele dia em Dallas. Cinquenta minutos após uma bala ter atravessado o cérebro de John F. Kennedy, a mulher de Huxley, Laura, injetou cem microgramas de LSD em seu marido moribundo, que morreu serenamente seis horas mais tarde.

Huxley começou a explorar os psicodélicos numa manhã ensolarada de maio de 1953, quando tomou meio copo de água contendo quatro décimos de um grama de mescalina, o alcaloide psicoativo do cacto *peyote*. Seu ensaio *"As portas da percepção"* oferece uma narrativa entusiasta e sinuosa do que aconteceu na sequência. Huxley descreve a ingestão da substância e depois diz:

> Vivemos juntos, agimos e reagimos em função uns dos outros; mas sempre e em quaisquer circunstâncias estamos sós. Os mártires vão para a arena de mãos dadas; são crucificados sozinhos. Abraçados, os amantes tentam desesperadamente fundir seus êxtases insulados numa única autotranscendência; em vão. Pela própria natureza,

cada espírito corporificado está fadado a sofrer e desfrutar em solidão.

Ao mesmo tempo em que reconhecia essa solidão existencial, Huxley também estava convencido de que uma meditação disciplinada ou a ingestão da substância certa lhe permitiria "o saber interior" que visionários, artistas e místicos relataram através da história.

O que Huxley esperava, ao tomar mescalina, era se livrar do confinamento de seu ego neurótico e vivenciar diretamente a sabedoria que constitui a "filosofia perene", a qual, em seu livro do mesmo nome, escrito em 1946, ele define como

> uma metafísica que reconhece uma Realidade divina substancial para o mundo das coisas, vidas e mentes; a psicologia que encontra na alma algo similar, ou até idêntico, à Realidade divina; a ética que coloca o conhecimento do Fundamento imanente e transcendente de todos os seres como finalidade última do homem.

Huxley não se decepcionou. Contemplativo, ele reconta "o que Adão tinha visto na manhã da criação – o milagre, quadro a quadro, da existência nua". Descobre que a mescalina, na linguagem do poeta e artista William Blake, "limpava as portas da percepção", deixando que tudo "aparecesse ao homem como é, infinito". Como outros antes dele, ficou estupefato com a enorme incapacidade da razão e da linguagem de dar sentido ao paradoxo da existência: "uma transitoriedade que também é vida eterna, um perecer perpétuo que é ao mesmo tempo Ser puro".

Quando um amigo lhe perguntou o que estava vendo, ele respondeu: "A coisa que mais se aproxima a isto seria um Vermeer". Para Huxley, esse "artista misterioso" captava melhor que qualquer outro a sublime obviedade das coisas comuns. Vermeer possuía o dom raro, ele diz, "de observar a cerca viva no fundo do quintal como se fosse o *Dharma*-Corpóreo de Buda". Até tomar mescalina, Huxley considerava esse *koan* zen "um disparate". Agora, ele disse, "ficou tudo claro como o dia, tão evidente quanto um postulado de Euclides".

Vermeer consegue capturar a vida em seus momentos essenciais, sem perder nada de sua vitalidade e generosidade. As coisas mais simples – um prego na parece, taxas de metal numa cadeira, uma cortina branca na sombra, um fiozinho de água no beco – tudo parece impregnado de uma intensidade e significado sobrenaturais. Suas cores mais escuras, saturadas, irradiam luminosidade. Para Huxley, Vermeer revela o "Não-eu, divino, essencial" dos objetos inanimados. A vidraça da porta da percepção de Vermeer que se abre para as coisas, diz Huxley, é "perfeitamente transparente". A vidraça que se abre para os seres humanos, entretanto, "ainda está embaçada". Pois, embora Vermeer retratasse pessoas, Huxley mantém que ele sempre foi "um pintor de natureza morta".

Huxley sugere que, para capturar o não-eu das pessoas, Vermeer teria que pintá-las como objetos: "em repouso, as mentes despreocupadas, os corpos imóveis". Vermeer retratava as jovens em suas pinturas como moças "femininas ao extremo", desde que "se abstivessem de comportamento pueril". Somente nessa circunstância ele conseguia "ver a Essência em toda sua beleza celestial". Pois em contraste com essas obras de Vermeer lá está, para Huxley, "a arte inclusiva de Rembrandt", uma arte que exibe a humanidade em toda sua tragédia vaidosa e ambígua.

Apesar das credenciais impecavelmente seculares como neto de T. H. Huxley, o biólogo conhecido como "Buldogue de Darwin", Aldous Huxley era teísta. Sua filosofia perene lhe possibilitava considerar o *Dharma*-Corpóreo de Buda como outro modo de se referir à Divindade. A mescalina, ele acreditava, lhe abrira os olhos para a "Mente Liberta", geralmente bloqueada pela "válvula redutora", acionada pela necessidade de sobrevivência, da consciência humana mesquinha. Tudo que Huxley diz em "*As portas da percepção*" é filtrado pela lente do universalismo místico.

A minha jornada com *peyote* e *ayahuasca* deixou intacta uma duradoura perspectiva agnóstica, cética e de meio termo da vida. Assim como a mescalina confirmou a visão filosófica de Huxley, o *peyote* e a *ayahuasca* intensificaram e aprofundaram a minha. Tais substâncias podem ter desligado temporariamente a "válvula redutora" de Huxley – algo que hoje em dia os neurocientistas podem chamar de "rede cerebral em modo padrão" – mas só isso. Não há necessidade de evocar a Divindade ou uma "Mente Liberta" para explicar o que acontece sob a influência de psicodélicos. A linguagem de Huxley sugere uma tendência às formas teístas de conceber o eu e o mundo. Em vez de prezar uma mente aberta, eternamente curiosa, ele busca uma explicação religiosa ou metafísica. Quando a rede cerebral em modo padrão é suspensa, seja pela meditação ou pela ingestão de substâncias, a pessoa se depara com a vida com admiração primordial e silenciosa. E isso é mais que suficiente.

Li "*As portas da percepção*" quando tinha dezessete ou dezoito anos. A viagem de Huxley se sobrepôs à minha própria vida; ele havia tomado aqueles quatro décimos de um grama de mescalina um mês após meu nascimento. Entretanto, não reli o ensaio até pouco antes de ter completado o primeiro rascunho de *Elogio à solidão* e de o livro ter sido aceito para publicação. Uma noite, um impulso me levou a dar outra olhada em "*As portas da percepção*". Baixei-o no meu iPad. Só então redescobri que Huxley havia enquadrado sua experiência com mescalina na ideia de solidão, explicado seus efeitos na linguagem do budismo e comparado o que via às pinturas de Vermeer. Será que eu já sabia disso? Será que essas associações tinham ficado marcadas no meu cérebro adolescente? Será que memórias enterradas teriam informado a escrita deste livro durante todo o tempo? Não faço ideia.

27

Aquele que adora ensinamentos
tendenciosos, artificiais e obscuros,
vendo apenas vantagem própria,
repousa numa paz de alicerces frágeis.

QUATRO OITOS, 2:5

"O homem sofre de uma praga", diz Montaigne: "a opinião de que sabe alguma coisa". Como cristão, Montaigne acreditava que essa doença começou no Jardim do Éden, quando o demônio, pela primeira vez "se insinuou entre nós com promessas de conhecimento e compreensão". A prática filosófica da solidão capacita o homem em seu estado decaído a experimentar uma total tranquilidade (*ataraxia*), semelhante à natural simplicidade e inocência do Éden. No entanto, existe uma solidão mais elevada, mística, que leva a Deus. "A ideia daqueles que buscam a solidão movidos pela devoção", diz Montaigne, "inspirados pela certeza das promessas de Deus de uma vida vindoura, é muito mais sadia e adequada". Montaigne se considerava um filósofo e um cristão, mas não um místico. Somente conseguia admirar aqueles cujas almas "se inflamavam com fé e esperança vitais", visto que "constroem em sua solidão uma vida de deleite e arrebatamento muito além de qualquer outro tipo de vida".

O pirronismo pode revelar o homem "nu, vazio e ciente de sua fraqueza natural", mas isso é insuficiente. A ataraxia torna-se um trampolim para algo maior. "Despido do conhecimento humano", explica Montaigne,

> o interior do homem fica mais apto a ser habitado pelo divino. Aniquilando o intelecto para dar mais espaço à fé, o homem se adéqua a receber poderes misteriosos do alto... Fica liberto das opiniões vãs e irreligiosas introduzidas por seitas falsas. Ele é uma folha em branco, pronto para que o dedo de Deus nele inscreva o que quiser.

Montaigne transforma a filosofia de Pirro em arma nas guerras religiosas. Seu papel nessa batalha é "arrancar de nossas mãos as armas insignificantes da razão, nos fazer baixar a cabeça e cair por terra em reverência à autoridade da majestade divina". Pois "sem uma visão lisonjeira do homem ninguém verá nele dons ou faculdades que cheirem a outra coisa que não morte e pó. Quanto mais concedemos, devemos e deixamos a Deus, mais cristãos serão nossos atos". É por isso que "a ignorância é tão defendida por nossa religião como qualidade adequada para a crença e a obediência".

Os filósofos das antigas Atenas e Roma escalaram os píncaros da sabedoria humana, mas não conseguiram arranhar sequer a superfície da realidade. "A verdade não está, como disse Demócrito, oculta no fundo de abismos", observa Montaigne, "mas elevada a uma altura infinita dentro da compreensão divina". Até mesmo "os atos virtuosos de Sócrates e Catão permanecem vãos e inúteis, visto que eles não tinham, como fim ou objetivo, o amor pelo verdadeiro Criador de todas as coisas nem a obediência a Ele: eles não conhecem Deus". Ao defender uma vida livre de opiniões, o ceticismo é uma filosofia que nos prepara para a revelação do Evangelho.

Montaigne aceita que a "jurisdição infinita" de Deus, que misteriosamente ordena o desenrolar do universo, é revelada pela Igreja Católica Romana e seu representante na Terra é o Papa. A autoridade dos monarcas e a ordem social baseada nela deriva da santificação do rei pela igreja. Assim, nossas leis terrenas são concedidas por Deus. Embora Montaigne deplore o tratamento aos povos indígenas das Américas, ele aceita que isso faz parte de um plano divino que ele é incapaz de entender. "A religião cristã", diz ele, "tem todos os distintivos da suprema justiça e utilidade, mas nenhum é mais claro que a imposição específica de se obedecer às autoridades e apoiar o sistema político". "Como sou incapaz de escolher", ele admite,

> aceito a escolha de outro e permaneço onde Deus me colocou. Caso contrário, eu não saberia como deixar de ficar girando em círculos infinitamente. Pela graça de Deus tenho me mantido íntegro, sem agitação, nem problemas de consciência, seguindo as antigas crenças de nossa religião entre todas as diversas seitas e cismas que nosso século produziu.

Para Montaigne, não é a Igreja que precisa de reforma, mas nosso eu vaidoso e presunçoso. Essa reforma interior acontece em solidão.

> Dentro de si, o homem sábio deve retirar a alma da multidão, mantendo o poder de julgar as coisas com liberdade. Quanto ao que está no exterior, ele deve seguir estritamente todas as formas e costumes recebidos.

Os pirronistas também reconhecem que, não podendo confiar em nossos sentidos ou razão, nosso comportamento deve ser guiado pelos costumes e tradições de nosso tempo e local. "As leis permanecem eficazes", diz Montaigne, "não porque são justas, mas por que são leis. Essa é a base mística de sua autoridade. Não há outra".

Portanto, é "altamente duvidoso que algum benefício óbvio advenha da mudança de uma lei estabelecida, seja ela qual for, em comparação ao mal de contestá-la". "A novidade me desgosta", diz Montaigne em referência à Reforma, "e estou certo de me sentir assim, pois já vi alguns de seus efeitos desastrosos".

Falando francamente, parece haver uma grande presunção e egocentrismo em conceder às próprias opiniões tal estima a ponto de justificar a perturbação da paz pública para estabelecê-las.

"Nada abala tanto o Estado quanto a inovação", ele conclui. "A mudança por si mesma cria injustiça e tirania". A absoluta arrogância dos reformistas protestantes o deixa pasmo:

Que delirantes parecem as ideias daqueles que, nos últimos anos, têm o hábito de acusar qualquer pessoa brilhante, lúcida, que professa a religião católica, de apenas fingir fazê-lo. Para lhe demonstrar respeito, eles até mantêm que, apesar do que a pessoa parece dizer, lá no fundo, não consegue deixar de ter crenças "reformistas", assim como eles. Que doença deplorável ser tão convencido de estar certo que o sujeito persuade a si mesmo que ninguém pode crer o contrário.

~

No final, Montaigne não consegue o cargo em Roma. Em vez dele, seu amigo Paul de Foix, o arcebispo de Toulouse, é indicado embaixador francês no Vaticano. Como prêmio de consolação, concedem-lhe uma "Bula de Cidadania Romana, resplandecente com seus sinetes e letras douradas" e um pedido do Rei Henrique III para que ele assuma o posto de prefeito de Bordeaux. As autoridades papais nada encontraram de censurável nos *Ensaios*, exceto pelo uso ocasional de língua profana e uma curiosa devoção à Sorte. É deixado a Montaigne o poder de decisão para fazer qualquer mudança. Ele não faz nenhuma. Sua filosofia de ignorância radical e fé incondicional não oferece nenhuma dificuldade para a Igreja – como ele bem devia saber.

Lentamente, Montaigne retorna a Bordeaux, parando em balneários e santuários pelo caminho. "Ao chegar lá" – ele relembra, – "apresentei meu caráter de modo fiel e verdadeiro, exatamente como sei que é: sem memória, sem vigilância, sem experiência, sem impulso; sem ódio também, sem ambição, sem desejo, sem violência – de modo que eles ficassem bem informados sobre o que esperar do meu serviço". Após dois mandatos pouco notáveis como prefeito, ele comenta: "Dizem também que meus mandatos passaram sem deixar marca nem rastro. Que bom".

Agora Montaigne se retira em sua torre, onde escreve o que será o terceiro e último volume dos *Ensaios*. Ele continua a manter contato privado com figuras importantes de ambos os campos, protestante e católico, na guerra civil. O rei protestante Henrique de Navarra, um homem que ele muito admira, é hóspede em sua propriedade por duas vezes. Em 1584, ano de sua primeira visita a Montaigne, Henrique se torna herdeiro do trono francês com a morte do irmão mais novo de Henrique III, que não tem filhos. Quando Henrique III é assassinado por um fanático religioso cinco anos mais tarde, em 1589, Henrique de Navarra automaticamente se torna Rei Henrique IV da França, apesar das fortes objeções dos católicos, que não conseguem aceitar a ideia de ter um rei protestante.

Montaigne morre em 1592, aos cinquenta e nove anos, durante uma missa rezada em seus aposentos. No ano seguinte, Henrique de Navarra solenemente renuncia à fé protestante e retorna ao catolicismo, o que lhe permite ser consagrado rei da França na catedral de Chartres, em 1594. Quatro anos depois, o "Bom Rei Henrique" assina o Edito de Nantes, que garante tolerância aos protestantes e finalmente acaba com as guerras religiosas. Se tivesse existido para testemunhar esses eventos, Montaigne sem dúvida ficaria satisfeito com o triunfo do catolicismo e seu possível papel ao incentivar Henrique a voltar à Igreja papal.

Em 1595, a filha adotiva de Montaigne, Marie de Gournay, publica a edição definitiva (Bordeaux) dos *Ensaios*. Ela passa o resto da vida se dedicando a promover o legado de Montaigne e inspecionando onze edições póstumas dos *Ensaios*, antes de sua própria morte em 1645. A Igreja Católica Romana coloca os *Ensaios* no *Índice dos Livros Proibidos* em 1676, onde permanecem até a abolição do *Índice* em 1966. Nenhuma razão oficial é dada para essa proibição, mas tudo indica que as autoridades objetaram o fideísmo de Montaigne: a visão herética de que fé e razão são incompatíveis, e de que a salvação só é alcançada através da fé e nada mais.

28

Depois de caminhar muitos quilômetros, a mulher chega à margem de um rio largo. Não há ponte nem barco à vista, somente uma vastidão de água. Ela não sabe nadar. Não há ninguém por perto para ajudá-la. Ela não pode retornar para onde veio. Está completamente só.

Ela recolhe uns galhos mortos espalhados pelo chão, arranca uns juncos junto ao rio e começa a construir uma balsa. Quando fica pronta, ela a empurra para dentro do rio, entra na água, deita-se nela e começa a remar com as mãos e os pés. Quando chega à margem oposta, a balsa está caindo aos pedaços e parcialmente submersa. Ela pisa em terra firme e continua seu caminho.

Essa é a história de uma migrante ou refugiada em busca de uma vida melhor. Ela precisa de coragem para romper seus laços com a família, o clã, a aldeia, tudo que conhece e ama desde a infância. É apavorante estar tão só, mas ela não tem escolha. Essa é sua primeira experiência de solidão.

Gautama viveu numa época em que uma grande quantidade de comunidades agrárias de pequena escala dava lugar ao surgimento das primeiras monarquias e cidades no nordeste da Índia. O excedente econômico produzido pelo cultivo do rico solo aluvial da bacia do Ganges possibilitava aos reis a criação de exércitos, a construção de cidades fortificadas e a cunhagem de moedas, enquanto as pessoas do povo conseguiam abandonar seus lares para virarem comerciantes, soldados, monges e filósofos. Estavam todos unidos na experiência de romper com o passado para ir atrás de novas oportunidades. Após gerações vivendo em comunidades rurais coesas onde pouca coisa mudava e todos estavam seguros em seus papéis e relacionamentos, de repente a pessoa tinha que se confrontar com a situação de estar sozinha no mundo.

Fosse você uma monja, um negociante ou um ministro, o *dharma* lhe fornecia as habilidades contemplativas necessárias para lidar com essa solidão recém-descoberta. Ao cultivar *mindfulness* e recolhimento, a pessoa estabilizava a atenção, criava uma fonte de bem-estar interior e ficava mais focada e autônoma. Seria incentivada a abraçar totalmente cada nova situação, a abandonar seus temores e emoções reativas, a enraizar-se no espaço não reativo do nirvana e então escolher um estilo de vida que lhe possibilitasse florescer como ser humano. Dizia-se que, ativando a imaginação e a criatividade, qualquer um que embarcasse nesse caminho tornava-se "independente dos outros".

Gautama usou a parábola da balsa para ilustrar que o caminho do meio por ele ensinado é provisório. O *dharma* é um meio para um fim, não um fim em si mesmo. Serve "ao propósito de fazer a travessia, não ao de agarrar-se a ele como uma boia". O *dharma* pode ajudá-lo a solucionar certos conflitos, mas, uma vez isso feito, deixe-o para trás e siga em frente com sua vida. Tratar o *dharma* como um fim em si seria como seguir em frente carregando a balsa encharcada nos ombros. Aquilo que uma vez lhe salvou a vida se transformaria num fardo a atrapalhar seu progresso.

Quando seus seguidores dominaram as habilidades básicas do treinamento, Gautama lhes disse, "vão para o mundo em função do bem-estar de muitos, e que não haja dois de vós a seguir o mesmo caminho". A vida comunitária também era temporária e provisória, como uma balsa. Reunir-se num arvoredo ou num parque durante as monções lhes proporcionava uma valiosa estrutura para o aprendizado, mas, assim que as chuvas acabavam, a comunidade se desmembrava. Sua responsabilidade está no mundo: não apenas ajudando os outros a viverem de modo mais autônomo, mas servindo como exemplo de autossuficiência solitária.

Uns quinhentos anos após Gautama e seus primeiros discípulos andarem pelas planícies do norte da Índia, o filósofo budista Nāgārjuna escreveu:

Quando os budas não aparecem
E seus seguidores partiram,
A sabedoria do despertar
Irrompe por conta própria.

Nāgārjuna refere-se aos "budas solitários", pessoas que despertam para o nirvana e o caminho do meio através da investigação própria, independente do budismo. O *dharma* é uma lei ou estilo de vida que é intuitivamente "percebida pelo sábio", sem levar em conta se ele é budista, cristão, muçulmano, ateu ou agnóstico. Talvez nunca ocorra a esses budas acidentais ser professor, formular doutrinas ou fundar comunidades. Como mestres da arte da solidão, eles espontaneamente levam a vida sob o ponto de vista do nirvana.

O poeta inglês John Keats nada sabia sobre o budismo, mas seu conceito de "capacidade negativa" capta a perspectiva nirvânica assim como qualquer definição budista. Essa capacidade negativa está presente sempre que alguém

> é capaz de se deparar com incertezas, mistérios, dúvidas, sem qualquer busca irritante por fato ou razão.

Para Keats, esse estado mental fica mais aparente num artista como Shakespeare, que ele considerava "o menos egocêntrico que se poder ser. Ele nada era em si mesmo; mas era tudo o que os outros eram, ou que poderiam se tornar".

O nirvana é uma capacidade negativa. Ao abandonar – "negar" – a reatividade, descobre-se uma aptidão maior – "capacidade" – de responder à vida. Experimentar o nirvana é experimentar a liberdade dos apegos e opiniões que impedem uma resposta imaginativa às situações com que nos deparamos na vida. Nirvana não é o ponto final do caminho, mas seu ponto de virada.

No segundo século a.C., o monge budista Nagasena explicou ao rei indo-grego Menandro I como Gautama havia projetado, planejado e construído a cidade do nirvana. Ao contrário da cidade moderna com seu imenso desenvolvimento periférico, a cidade do nirvana é fortificada, é um espaço cívico fechado, governado pelas normas da lei. Era o destino daqueles que abandonavam seus lares e cruzavam rios em balsas buscando uma vida melhor. A cidade fortificada surgida na planície do Ganges passou a servir de metáfora para a "cidadela interior" da solidão de cada um, a qual, estruturada pela lei do *dharma*, possibilita a capacidade negativa.

29

Ele não elabora, nem adula –
nunca se ocupou do ensino.
Impossível avaliar esse sacerdote por suas normas,
ele foi além – sem nada a que recorrer.

QUATRO OITOS, 4:8

De onde eu moro, em Entre-Deux-Mers, atravessando o Rio Dordonha em Branne, levo 40 minutos de carro para chegar a Saint-Michel-de-Montaigne. Chego ao castelo às nove e meia de uma manhã fria e enevoada de dezembro. Os atuais proprietários gentilmente permitiram que eu passasse uma manhã a sós na torre de Montaigne. Ao me aproximar da porta gasta da torre, fico fisicamente ciente do misto peculiar de expectativa e apreensão que estou tendo. Dou-me conta de que Montaigne não só retirou-se na solidão dessa torre; ele o fez com um humor e estado de espírito diferente cada vez que ali entrou.

Desenrolo meu tapete de meditação e o coloco no centro da capela circular do andar térreo. Conforme acostumo os olhos à luz que entra pela única janela, consigo ver o altar na reentrância de uma parede e diante dele dois bancos de espaldar alto para oração. Atrás de mim, acima e à esquerda, percebo o canal de escuta – antes parte de uma escadaria estreita – que Montaigne conservara para poder ouvir o padre rezando a missa quando estivesse acamado no andar de cima. Entrando em meditação, fico absorto no silêncio audível da capela. Entoo as sílabas OM MANI PADME HUM e ouço as palavras ecoarem e reverberarem em torno.

Com o castelo fechado para o inverno, seu pátio trancado e deserto, sem grupos de turistas marcados para aquele dia, está muito mais silencioso do que estaria na época de Montaigne, com o constante rebuliço de uma comunidade autossuficiente de padeiros, ferreiros, criados, cozinheiros, lenhadores, lavradores e crianças pelo pátio. Hoje, o silêncio da capela só é penetrado pelo ruído remoto de um trator trabalhando em algum ponto do vinhedo lá fora. Depois, ouço um sino de igreja distante tocar dez vezes para marcar a hora.

Subo a escada circular, cada degrau desgastado irregularmente. Paro nos aposentos do primeiro andar, onde Montaigne morreu. Noto o vaso sanitário primitivo: um buraco – agora tapado – no chão, com uma extrusão na parede da escadaria. Finalmente, chego à biblioteca no segundo andar, onde Montaigne passou "o maior número de dias da minha vida e a maior parte das horas de cada dia", lendo livros e compondo ensaios. Abro as persianas das três janelinhas e o cômodo é banhado pela luz cinzenta do fim do outono. Os livros de Étienne de la Boétie e de Montaigne há muito se foram. O espaço está nu, exceto por uma estátua de gesso de Montaigne, uma mesa com a fotocópia de uma página da edição Bordeaux dos *Ensaios*, uma cadeira e duas selas em decomposição. As vigas do teto acima ainda contêm as citações em latim e grego que o inspiravam.

Coloco meu tapete de meditação no meio do aposento e me sento de pernas cruzadas, de frente para onde estariam as estantes de livros. Pego meu iPad e passo o resto da manhã organizando e editando minha seleção dos pensamentos de Montaigne sobre a solidão. Novamente, admiro sua prosa clara e brutalmente honesta. "Corte essas palavras", dizia Ralph Waldo Emerson, "e elas sangrariam; são vascularizadas e vivas". De vez em quando fecho os olhos e fico imóvel no silêncio inanimado do lugar. Reflito sobre os pequenos tijolos de terracota, alguns agora lascados e rachados, que compõem o piso, visualizando os pés de Montaigne andando pelo aposento. Quando o sino da igreja bate as 12 horas, meus dedos estão dormentes de frio.

A perspectiva de poder passar uma manhã a sós na torre de Montaigne era empolgante. A realidade teria sido praticamente a mesma se eu tivesse me sentado a sós em qualquer outro edifício medieval sem calefação, mal iluminado e meio dilapidado. Agora, porém, eu sei qual é a sensação de estar sozinho na torre. Ao contrário das minhas experiências anteriores de ser guiado pelo edifício com um grupo, agora pude sentir como é rezar na capela e escrever na biblioteca. A torre assumiu contornos mais solenes e íntimos.

Ao sair da torre, caminho pela área da propriedade até a igreja de Saint-Michel-de-Montaigne, no vilarejo. Após ter sido incendiada durante as guerras religiosas, foi reconstruída com fundos fornecidos pela viúva de Montaigne, Françoise de la Cassaigne. Quando saio do vilarejo, o sol brilha em meio à neblina. Continuo caminhando e passo por inúmeras fileiras de parreiras nuas, interrompidas por bosques de carvalho e castanheiras ainda com suas flamejantes folhas douradas. Passo por chácaras e terrenos sem cultivo até chegar à igreja de Saint-Pierre-ès-Liens na cidadezinha de Montcaret.

Originalmente ligada a um mosteiro beneditino do século XII, Saint-Pierre foi arrasada durante a batalha por sua reivindicação pela Igreja Católica no surgimento das guerras religiosas. Não foi inteiramente reconstruída por outros trezentos anos. Em 1873, o padre da localidade notou que parte do solo, tirado de uma parte em desuso do cemitério para a construção de uma estação ferroviária, continha pedaços de alvenaria. Isso mais descobertas posteriores levaram a escavações arqueológicas, que revelaram a presença de uma extensa vila romana do século IV D.C. abaixo da igreja e do cemitério.

A igreja de Sain-Pierre foi construída em cima e, em parte, a partir dos remanescentes dessa vila pagã. Montaigne se maravilhou com as descrições de Sêneca de casas aquecidas por sistemas de calefação que circulavam ar quente abaixo dos pisos e pelas paredes. Estivesse vivo agora, ele poderia ver tais sistemas a apenas cinco quilômetros de sua torre. O Centro de Visitantes do local é dominado pela sala de jantar restaurada da vila, contida numa estrutura minimalista de aço, pinho e vidro de muito bom gosto. Aqui, homens de toga desocupados deviam se reclinar em seus divãs para discutir filosofia, inclusive a "mais sábia" de todas: o ceticismo. Inadvertidamente, coveiros cavaram o piso dessa sala na Idade Média e os esqueletos de três almas cristãs ainda jazem em suas cavidades grosseiras, em meio a um vasto mosaico galo-romano.

30

Não me considero um meditante particularmente consumado. Conheço outros que parecem muito mais dedicados à meditação do que eu. Se tivesse levado isso com mais seriedade, certamente teria me submetido a muito mais horas de *jhānas* do que os dois retiros de duas semanas. Contudo, apesar do meu interesse nessa prática, sou pouco inclinado a passar semanas ou meses ocupado em refiná-la ou aprofundá-la. Uma razão para essa falta de interesse é ainda perceber, muitos meses depois, como os efeitos desses retiros de *jhāna* continuam a influenciar minha atenção e consciência, não apenas na meditação formal, mas na vida cotidiana. O recolhimento (*samādhi*) tornou-se mais integrado à minha prática diária. Minha meditação tornou-se mais incorporada e dou maior valor ao contentamento, arrebatamento e bem-estar como parte do processo.

A prática de *jhāna* me ajudou a entender que a distinção budista tradicional entre "imobilidade" (*samatha*) e "insight" (*vipassana*) pode ser enganosa. Talvez seja necessário apresentá-las como práticas distintas no início, mas, quando a meditação amadurece, elas se tornam cada vez mais inseparáveis. Teoricamente eu sabia disso a partir dos meus estudos budistas, mas foi somente através desses retiros de *jhāna* que compreendi o que significava incorporar essa experiência.

Ao longo dos anos, devo ter passado milhares de horas sentado numa almofada de meditação, mas ainda fico distraído, apático e entediado. Num retiro típico, eu tenho dias bons e outros ruins. Às vezes, fico dominado por alguma preocupação obsessiva, que me atormenta por horas. Meu humor pode oscilar entre o júbilo e o desânimo de um momento para outro. Podem ocorrer longos períodos em que não medito de modo formal. De modo geral, sinto-me um diletante.

Então por que persisto numa atividade que em muitos aspectos parece fazer pouca diferença no que me passa pela cabeça? Aprendi que o valor da meditação não está em modificar o conteúdo da nossa experiência, mas sim a nossa relação com esse conteúdo. Todas as preocupações, fantasias egocêntricas, lascívias e mesquinharias que surgem na consciência são simplesmente resultado de condições anteriores que pouco posso controlar. São processos da natureza que ocorrem independentemente da minha vontade. Não escolho senti-los. A única coisa que posso fazer é ficar consciente deles quando surgem, reconhecê-los pelo que são e não me deixar influenciar demais ou ser arrastado por eles.

Tentando levar uma vida consciente e ética ao longo dos anos, acho que reduzi as condições que provocam as formas mais odiosas de reatividade. Deixando de agir quando essas reações se apresentam, já não as reforço tanto como no passado, diminuindo assim a frequência de sua ocorrência. Contudo, como posso saber se tais benefícios não são o simples resultado da maturidade ou de outros fatores que nada têm a ver com a prática formal de meditação? Como posso ter certeza de que não estaria experimentando a mesma coisa agora, mesmo que nunca tivesse me sentado de pernas cruzadas numa almofada por uma hora sequer? Estudos científicos sobre os efeitos da meditação estão buscando respostas para essas questões. Embora algumas das descobertas sugiram que a meditação realmente é um fator decisivo na produção de tais mudanças, seria prematuro neste ponto chegar a conclusões generalizadas sobre sua eficácia.

Sendo a pessoa na qual os efeitos da meditação se desenrolam, é provável que eu esteja na pior posição para julgá-los. Estou próximo demais do processo para conseguir ver com clareza as consequências de uma prática que faço há tanto tempo. Em vez de perguntar a mim, pergunte à minha mulher, meu irmão, meus velhos amigos, embora eu duvide da precisão das respostas.

No final das contas, a única coisa que me importa como meditante é a qualidade da minha resposta aos desafios e oportunidades apresentados por uma situação qualquer. Se minha prática contemplativa não consegue contribuir para o meu florescimento como pessoa em minhas relações com os outros, então é preciso questionar o propósito de passar meses e anos praticando-a. Cada momento na vida oferece a chance de recomeçar. Posso abraçar o que está diante de mim, abandonar o que me detém e então falar ou agir de um modo que não é determinado pelos meus temores, apegos ou presunções egocêntricas. Embora eu nem sempre consiga viver assim, estou convencido de que a atenção plena, o recolhimento e o questionamento são essenciais para essa minha capacidade.

Da mesma forma, não duvido que pelo treinamento em disciplinas contemplativas chega-se a estados mentais extraordinários, que podem parecer incríveis aos não familiarizados com essas coisas. Quando Leigh descreve sua longa permanência nas *jhānas* e em êxtases imateriais, nada me leva a descrer dele.

Ressonâncias magnéticas funcionais do cérebro de Leigh em meditação mostraram diferentes áreas se iluminando conforme ele entrava em diferentes estados meditativos. Contudo, desconfio que a capacidade de acessar essas formas alteradas de consciência deve-se a uma variedade de fatores além do treinamento formal. Algumas pessoas, além de serem mais motivadas a alcançar tais estados, têm um temperamento e talvez uma neurobiologia mais apta do que outras para isso.

"Tivemos a experiência", escreveu T. S. Eliot em *The Dry Salvages*, "mas deixamos escapar o significado". O significado da contemplação não deve ser confundido com a experiência da contemplação. Ser capaz de permanecer num estado mental profundamente concentrado, extático e claro não tem qualquer significado por si só. Você pode treinar e desenvolver seus músculos espirituais a um grau excepcional sem necessariamente florescer muito como pessoa. Sua meditação é significativa na medida em que contribui para torná-lo o tipo de pessoa que você aspira ser. E como uma visão ética é parte integrante de sua vida como um todo, é ela que irá informar, impregnar e transformar sua prática contemplativa.

Integrar a prática contemplativa à vida requer mais do que tornar-se proficiente em técnicas de meditação. Envolve o cultivo e o refinamento de uma sensibilidade em relação ao todo de sua existência – desde momentos íntimos de angústia pessoal até o infinito sofrimento do mundo. Essa sensibilidade abrange uma série de habilidades: atenção plena, curiosidade, compreensão, recolhimento, compaixão, serenidade, apreço. Cada uma delas pode ser cultivada e refinada em solidão, mas tem pouco valor se não conseguir sobreviver no encontro pleno com os outros. Nunca seja complacente com a prática contemplativa; é uma tarefa sempre em progresso. O mundo está aqui para nos surpreender. Meus *insights* mais duradouros ocorreram fora da almofada, não sentado nela.

31

ANDALUZIA, ESPANHA, DEZEMBRO DE 2017
Passo a manhã andando sem destino pelas ruas estreitas do centro histórico de Málaga. Periquitos verdes voam entre as palmeiras ao longo dos bulevares, chamando a atenção com sua gritaria. O sol ofuscante de inverno aumenta a leve dor de cabeça que atribuo aos três dias sem tomar café e me sinto um pouco enjoado, acho que foi um macarrão frio que comi ontem à noite em Lisboa. Estou cansado e tenso; minhas articulações doem, como se eu fosse gripar. Não comi nada hoje, só tomei suco de laranja e chá.

    Estou preocupado com os motivos que estão me levando a tomar *ayahuasca*. Faz um ano desde que participei da cerimônia com Salvador. Ainda sinto necessidade de explorar mais essa planta medicinal. Quatro meses atrás, meu amigo Michael Stone – um carismático professor de ioga e meditação, autor e ativista político – morreu de overdose do opiáceo sintético fentanila. A mulher dele estava esperando o terceiro filho do casal. Numa declaração, a família revelou que Michael estava sofrendo de um distúrbio bipolar cada vez mais grave, que ele ocultara dos amigos e alunos. É provável que a fentanila fosse uma tentativa de controlar sua mania. Será que minha atitude liberal em relação às substâncias psicoativas pode ter contribuído com a cultura tolerante que tacitamente lhe deu permissão para usar um opiáceo ilegal mais potente que heroína? O que Michael precisava de um professor budista como eu talvez fosse um exemplo claro de abstenção de tais substâncias.

Um táxi Mercedes me leva para o leste de Málaga adentrando os olivais e as colinas pontilhadas de pinheiros da Andaluzia. Uma hora mais tarde, deixamos o vilarejo de San Juan e seguimos aos solavancos por uma estrada estreita do vale até chegar a uma chácara com pomares repletos de laranjas, limões, caquis e romãs. Coloco meus cobertores, almofada, xale e garrafa de água no piso aquecido de pedra do salão branco onde a cerimônia terá lugar. Não conheço nenhum dos outros treze participantes, nem Hemming, o xamã.

É lua nova. O salão tremeluz sob o efeito de uma única vela e do fogo numa lareira de canto. Sentamos em semicírculo. Hemming, um dinamarquês despretensioso com menos de cinquenta anos, está sentado numa cadeira baixa diante de nós. Meditamos por vinte minutos e nos acomodamos num silêncio coletivo que irá durar até o alvorecer. Hemming dá uma tragada num cigarro e sopra a fumaça numa garrafa de plástico com ayahuasca. Cada um recebe uma dose do líquido num copinho. Bebo de um só gole. Ele tem aquele mesmo gosto profundamente familiar e repelente que eu me esforço para identificar, mas não consigo.

Sento-me de pernas cruzadas, mas fico me mexendo, desconfortável. Após o que parecem poucos minutos, meu corpo começa a coçar de calor. Puxo um balde de plástico e vomito muito. Por um instante temo que vá expelir o líquido medicinal antes que tenha tempo de fazer efeito. Não consigo parar de vomitar. Visões espiraladas coloridas me invadem a mente. Vomito quantidades cada vez menores de um líquido amargo, meu corpo não para de convulsionar, meu rosto escorre de suor, as narinas ficam tomadas pelo fedor da planta, até que eu desmaio.

Hemming se ajoelha ao meu lado, batendo no meu rosto com uma pena de condor molhada. "Stephen", ele sussurra, "estamos na cerimônia". Não sei por quanto tempo fiquei inconsciente. Sinto-me exausto. Fico imóvel, deitado de costas. Não consigo nem pensar em me levantar, quanto mais dar uma caminhada. Até sentar é um esforço. Eu quero interromper o processo daquilo que invadiu meu corpo, mas não há nada que possa fazer. Isso é desagradável, mas não estou ansioso ou preocupado. Digo a mim mesmo: não posso tomar outro copo desse troço amanhã.

Passa um tempo e minha mente se acomoda em contemplação. Meu corpo ainda dói, mas a purgação deixou uma sensação de limpeza. O enjoo, dor de cabeça e os sintomas de gripe se foram. Sinto que algo arraigado em mim se dissipou, mas não faço ideia do que seja. A planta parece capaz de penetrar os recantos e fendas mais escuros para desenraizar o que ainda está preso por lá.

Sinto novamente uma confirmação. É como se a purgação tivesse forçosamente aberto e inscrito na minha carne uma passagem para novas possibilidades surgirem. Esse espaço purificado nada mais é do que o nirvana. A planta me permite contemplar, sentir, tocar, saborear o nirvana. O caminho da minha vida se origina aqui. Nirvana é o útero do mundo. O verdadeiro tecido de que sou feito é como um útero, como se meus pensamentos e minha carne fossem a matriz de onde nasço a cada momento. Repouso numa atenção imóvel, extática, cheio de amor por esses estranhos íntimos que estão deitados no chão em volta, encolhidos na escuridão.

"Você decide", digo a Hemming, quando na noite seguinte ele me pergunta que dose eu quero tomar. Sou servido de meio copo, a mesma quantidade de antes. Engulo o líquido. Seu gosto já não está tão horrível e ele se acomoda mais ou menos bem no estômago. Não vomito nem tenho ânsias.

À medida que a Mãe *Ayahuasca* me toma em seus braços, percebo que na noite passada eu vomitei foi meu apego ao budismo. Ao desmaiar, eu morri. Ao me reanimar, renasci, por assim dizer. *Já não preciso lutar essas batalhas*, repito a mim mesmo. *Já não sou um combatente nas guerras do* dharma. A sensação é de que o curso da minha vida deu uma guinada, como um trem que foi desviado dos trilhos conhecidos para uma nova trajetória.

Eu tremo todo e sacudo, gemo e bocejo incontrolavelmente. Bruno, o assistente de Hemming, gentilmente me pede para sentar ereto e fazer menos barulho. Tenho a impressão de escorregar para outros mundos, retornar e depois escorregar para fora de novo. Esta viagem é como uma volta de montanha russa pelo campo caótico de coisas que insaciavelmente usamos para construir significado.

A intervalos, Hemming canta *icaro*, canções medicinais, sua voz solitária, sem acústica, é acompanhada pelo chocalhar das folhas secas de milho. O espetáculo extra tem algo da formalidade espectral, estranha, do teatro Noh. Abro os olhos e vejo a silhueta de uma figura se ajoelhando ao meu lado, com um ponto laranja de fogo no meio do rosto. O ponto laranja brilha, depois Hemming sopra fumaça de tabaco em mim e pressiona a palma da mão em meu coração. Sem um rosto, Hemming se torna o xamã enrugado que anima essas cerimônias fora do tempo e do lugar comum.

Continuamente retorno ao livro que estou escrevendo, *Elogio à solidão*. Exploro palavras alternativas, reformulo frases, faço experiências com a estrutura dos capítulos. Aqui, deitado neste piso aquecido, estou ciente de que minhas ideias sobre este livro tornam-se parte dele assim que me vêm à mente. Será que o que está acontecendo aqui já está determinado pela lógica interna do meu texto? Será que está sendo influenciado por eu saber que irei escrever a respeito? É como se eu estivesse olhando para um espelho que reflete outro espelho para observar uma infinidade de reflexos. Minha vida e meu trabalho ficaram tão enredados que mal consigo separá-los.

Acho que a *ayahuasca* cumpriu sua tarefa comigo. Meu estômago vem à garganta com a ideia de tomar novamente. Lembro a mim mesmo que a eficácia de qualquer medicamento se demonstra quando chega um ponto em que se pode interromper seu uso. Se eu ainda preciso tomar, é por que ele ainda não me curou. E, se o propósito das plantas medicinais é abrir um coração fechado, como disse Andrés, então preciso medir sua eficácia pela abertura do meu coração – não apenas durante uma cerimônia, o que é fácil, mas quando importunado pelos conflitos e contradições da vida comum.

32

A palavra "solidão" em páli e sânscrito é *viveka*. Pode também ser traduzida como "separação", "isolamento" ou "retiro". Em tibetano, *viveka* é *dben pa*, que o dicionário define como "ausência" ou "vazio" de algo. É assim que os budistas entendem o termo. Porém, nos textos sânscritos hindus, *viveka* invariavelmente significa "discriminação", "distinção" "discernimento" e "julgamento". Como é que a mesma palavra passou a assumir significados diferentes em duas tradições indianas que evoluíram paralelamente?

Quando vemos uma pessoa à distância, a princípio talvez se diga apenas que é uma mulher e não um homem. À medida que ela se aproxima, começamos a decifrar que é loura e não morena, jovem e não madura. Mas ela precisa chegar bem mais perto para percebermos que é Maria e não Joana. A cada passo, podemos discernir certas características (mulher, loura, jovem) e eliminar outras (homem, morena, madura) até sabermos que é Maria. Esse processo de discriminação se dá ao isolarmos Maria progressivamente do campo mais amplo de percepção. A partir daí ela se destaca por si só, diferente de tudo que não é ela, uma pessoa única que existe por direito próprio.

Da mesma forma, ao nos retirarmos do mundo em solidão, nós nos separamos dos outros. Ao nos isolarmos, podemos ver mais claramente o que nos distingue das outras pessoas. Destacar-se desse modo serve para afirmar nossa existência (determinado modo de ser). Libertando-nos das pressões e restrições sociais, a solidão pode nos ajudar a entender melhor o tipo de pessoa que somos e para o que serve nossa vida. Desse modo ficamos independentes de outros. Encontramos nosso próprio caminho, nossa própria voz.

A instrução final de Gautama à sua comunidade foi a seguinte: "Sejam ilhas para si mesmos. Sejam vosso próprio refúgio. Que o *dharma* seja vossa ilha. Que o *dharma* seja vosso único refúgio". Uma ilha é um pedaço de terra seca cercada de água. É isolada e separada. Os valores e práticas do *dharma* já integrados à sua vida proporcionam um refúgio da turbulência e uma solidão que lhe possibilita ficar num vazio mental não reativo. Essa solidão é o próprio nirvana: um espaço lúcido de liberdade onde se pode interagir com o mundo sem ficar inundado de desejos, opiniões, temores e ódios reativos.

Emil Cioran fez certa vez uma reflexão experimental: "Suprimi uma a uma todas as palavras do meu vocabulário", ele explica. "Quando o massacre acabou, apenas uma havia escapado: *solidão*. Despertei eufórico". Então lhe ocorreu: "o único modo de proteger a própria solidão é ofender todo mundo, começando por aqueles a quem ama". Shantideva leva esse raciocínio adiante. A pessoa solitária, para ele, deve morrer para o mundo. "Não tendo nenhuma amizade, não tenho nenhum ressentimento," ele escreve, "meu corpo habita a solidão: já sou contado como morto. Ninguém irá chorar no meu túmulo".

Então algo estranho acontece: assim que ele se acomoda em sua solidão a duras penas conquistada, a atenção de Shantideva se volta exatamente para o mundo a que tanto lhe custara renunciar. É apenas quando a mente se aquieta que ele percebe nada ter de especial em si mesmo. Ele não é essencialmente diferente dos outros. Como o poeta John Donne, ele entende que "nenhum homem é uma ilha". Percebe todos os seres vivos, inclusive a si próprio, como células simbióticas num organismo gigante. "Eu preciso acabar com a infelicidade dos outros", ele reflete, "pois é dor, assim como a minha, e eu preciso ajudá-los, pois são criaturas sencientes, como eu". Não são conclusões abstratas de um filósofo da moral. "Quando vivo dessa forma", ele continua, "não sinto nenhuma presunção. É como se estivesse me alimentando; nada espero em troca".

Eis o paradoxo da solidão. Observe-se em isolamento pelo tempo necessário e com intensidade suficiente e de repente verá que o resto da humanidade está olhando de volta. Uma solidão prolongada o leva a um ponto de inflexão onde o pêndulo da vida o faz retornar para os outros. Ingmar Bergman retirava-se na ilha de Faro para planejar seus filmes e escrever os roteiros. "Aqui, na minha solidão", ele anotou num diário, "tenho a sensação de conter humanidade em demasia", que "escoa para fora de mim como de um tubo rachado de dentifrício; não quer ficar confinada em meu corpo".

Na China, na Coreia e no Japão, a sequência de quadros zen de pastoreio de bois retrata um homem que segue as pegadas de um boi (a mente indisciplinada) entrando numa floresta, encontra o animal, doma-o e finalmente se acomoda na paz da solidão, onde ambos, homem e boi, podem ser esquecidos. Acabada a batalha, o lutador desaparece num *enzo*: um círculo zen vazio. Então, no último quadro, vemos o homem "aparecendo na praça do mercado para ensinar e transformar". Refletindo sobre a

Elogio à solidão 163

década que passou sozinha numa *mesa* no Novo México, Agnes Martin concluiu: "Fiquei lá em cima por anos e me tornei tão sábia quanto um eremita chinês. Depois decidi que não era da natureza humana viver assim, tão isolada, então resolvi descer".

"Nenhum prazer tem sabor para mim quando não é compartilhado com alguém," refletiu Montaigne, "nenhum pensamento feliz me ocorre sem que eu me irrite por tê-lo e não ter a quem oferecê-lo". Até mesmo para aqueles que não escolhem a solidão, mas a tem imposta, a lição é a mesma. "Não costumo usar as palavras levianamente", Nelson Mandela comentou. "Se vinte e sete anos de prisão nos causou alguma coisa, foi usar o silêncio da solidão para entender a preciosidade das palavras e o quanto a fala é real em seu impacto no modo como as pessoas vivem e morrem".

No final das contas, a tarefa não é escolher entre uma vida de solidão e uma vida de engajamento, mas abraçar ambas e aprender a encontrar um equilíbrio saudável entre os dois lados. Em seu ensaio "Autossuficiência", Emerson escreveu:

> É fácil no mundo viver da opinião do mundo, é fácil na solidão viver da sua própria; mas o grande homem é aquele que em meio à multidão mantém a independência da solidão com perfeita doçura.

Num *blog* endereçado a seus alunos, a primatóloga Jane Goodall cita a seguinte passagem e concorda com Emerson: "É importante", ela explica,

> encontrar a independência da solidão quando tentamos fazer mudanças. Em vez de ficarmos sobrecarregados e sufocados pela constante interação com os outros, é essencial recuar e nos permitir o tempo necessário de isolamento para refletir sobre o que nos importa.

Fundamental para John Keats é que a solidão proporcione o silêncio com que buscar um diálogo interior tranquilo e ponderado. Em seu soneto "Oh, Solidão", ele descreve ter deixado para trás "a pilha confusa de prédios escuros" para retirar-se na serra "onde o salto veloz do cervo afugenta a abelha selvagem da flor da dedaleira". Por mais que o poeta aprecie essa reclusão rural, ele reconhece que seu maior contentamento está na

> doce conversa de uma mente inocente,
> cujas palavras são imagens de pensamentos aprimorados.

Aqui neste devaneio contemplativo – conforme os conceitos se cristalizam em imagens e o monólogo interno circular vira diálogo entre "dois espíritos afins" – a verdadeira solidão se concretiza.

apêndice: quatro oitos
os quatro poemas de oito estrofes
do atthakavagga *do* sutta nipāta

Atthakavagga significa "Capítulo dos Oito", o quarto dos cinco capítulos (*vagga*) que compõem o *Sutta Nipāta*, uma coleção de 1.149 estrofes, encontrada no *Khuddaka Nikāya* do Cânone Páli. O *Atthakavagga* propriamente dito consiste de 209 estrofes, divididas em 16 partes, cada uma denominada *sutta* (discurso). Os quatro *suttas* que traduzi aqui são intitulados:

- *Guhatthakasutta (O discurso dos oito sobre a cela)*
- *Dutthattaksutta (O discurso dos oito sobre o erro)*
- *Suddhattakasutta (O discurso dos oito sobre a pureza)*
- *Paramattakasutta (O discurso dos oito sobre o definitivo)*

Eles compõem a segunda, terceira, quarta e quinta parte, respectivamente, do *Atthakavagga*, e englobam as estrofes 772-803 do *Sutta Nipāta*.

Nas notas de sua tradução de 1992 do *Sutta Nipāta*, K. R. Norman sugere:

Como todos os quatro *suttas* que contêm *atthakasutta* nos nomes possuem oito estrofes na métrica Tristubh, que é uma antiga métrica em páli, podemos supor que esses quatro *suttas* são o âmago do *Atthakavagga*, aos quais outros *suttas* foram acrescentados.

Além disso, apesar de o capítulo ser chamado "Capítulo dos Oito", nem um sequer de seus outros doze *suttas* tem apenas oito estrofes – eles contêm entre sete e vinte estrofes e também variam em métrica.

Se a suposição do Sr. Norman for correta, esses quatro *suttas* teriam sido originalmente uma obra independente de quatro poemas de oito estrofes cada, que é como os trato em minha tradução.

Trateio-os também como obra literária. Insisti na estrutura formal de quatro versos em cada estrofe e me esforcei para achar uma voz que lhes desse ritmo e eufonia. Consequentemente, minha tradução é mais livre que as outras relacionadas abaixo.

Os títulos dos *suttas* foram descartados, pois parecem ser pouco mais que instrumentos mnemônicos tirados de palavras que ocorrem no primeiro verso da primeira estrofe do texto, sem ter particular relevância no tema do *sutta* específico.

Segui a edição da Sociedade do Texto Páli do *Sutta Nipāta*, de Dines Andersen e Helmer Smith (1913, reimpresso em 1997). Além disso, consultei as traduções para o inglês de H. Saddhatissa (1985), K. R. Norman (1992), Thanissaro Bhikkhu (1994-2013), John D. Ireland (1994-2013) e Gil Fronsdal (2016).

Para um estudo completo do *Sutta Nipāta* e sua tradição comentada, veja Bhikkhu Bodhi, trad., *The Suttanipāta: An Ancient Collection of the Buddha's Discourses Together with Its Commentaries* [*O Suttanipāta: Uma antiga coleção dos discursos do Buda juntamente com seus comentários*] (Somerville, Mass: Wisdom, 2017).

quatro oitos

Um

A criatura oculta em sua cela –
um homem afundado em paixões obscuras
está a uma grande distância da solidão.
Difícil é largar o que nos impele,

difícil livrar-se dos anseios
ligados à comoção de estar vivo,
suspirando pelo passado e pelo porvir,
ansiando por esses deleites agora – ninguém mais pode salvá-lo.

Obcecado, numa estúpida busca por prazer,
embarcas numa vida solitária, desequilibrada.
Angustiado, gritas:
O que será de nós quando sairmos daqui?

Sê um praticante agora mesmo.
Não te desvies do rumo

por amor ao que sabes estar em desequilíbrio.
A vida é curta, manifesta o sábio.

Vejo pessoas trêmulas nesta terra,
coagidas pela sede por notícias —
homens fracos tagarelando na boca da morte,
sua sede por algo e por nada insaciada.

Vê como tremem pelo que lhes pertence,
Como peixes em poças rasas de um desfiladeiro árido.
Ao saber disso, sê altruísta —
Não te apegues ao que está acontecendo.

Abraça o que encontras sem ficar obcecado —
subjuga o desejo pelas duas pontas.
Evita saciar-te com aquilo que em ti reprovas —
os sábios não atolam em pontos de vista ou palavras.

Abraça o que percebes e atravessa a inundação.
O sábio é desapegado de posses —
tendo extraído a flecha, tem cuidado —
Não anseies por este mundo ou o próximo.

Dois

Pessoas equivocadas expressam opiniões,
assim como as certeiras.
Quando dão uma opinião, o sábio não se envolve —
nada há de insensível no sábio.

Como posso, escravizado pelo desejo,
presunçoso e cheio de autoestima,
não me afetar pelo meu ponto de vista?
Conforme me conheço, vou me articulando.

Sem ser solicitada, a pessoa
fala aos outros de seus princípios
e opina sobre si própria —
é considerada ignóbil pelos bons.

Mendigos em paz, totalmente à vontade,
não exibem suas virtudes: *eis-me aqui!*
não há no mundo alguém como eu —
na opinião dos bons, eles são nobres.

Aquele que adora ensinamentos
tendenciosos, artificiais e obscuros,
vendo apenas vantagem própria,
repousa numa paz de frágeis alicerces.

Tu agarras o ensinamento que satisfaz aquelas ideias
com que estás comprometido e não consegues largar.
De acordo com nossos comprometimentos
rejeitamos ou aceitamos um ensinamento.

Em lugar algum a pessoa lúcida
mantém visões idealizadas sobre algo ou sobre nada.
Como poderia sucumbir a elas,
tendo abandonado as ilusões e a arrogância? Ela está indiferente.

Opiniões conflitantes sobre o *dharma* atraem os envolvidos.
Que opinião podes discutir com o indiferente? E como?
Ele não aceita nem rejeita qualquer visão —
sacudiu todas fora, bem aqui.

Três

Contemplo o que é puro, supremo, infalível
e me purifico com essa visão.
Convencido de que teu saber é "definitivo".
crês puro teu ponto de vista.

Que um homem é purificado por visões,
sua dor superada por conhecimento,
seus apegos desfeitos pelos outros —
afirmando essas ideias, tu trais uma opinião.

A pureza nada tem de estranho,
diz o sacerdote liberto de pontos de vista e palavras,
ideias e regras, bem e mal.
Ele descartou suas crenças — e nada constrói ali.

Abandonando uma, agarras a próxima —
impulsionado pela preocupação contigo
rejeitas e adotas opiniões
como um símio solta um galho e segura outro.

Prometes praticar sozinho
tão somente para oscilar nas garras das percepções.
Os sábios não sofrem altos e baixos —
pois encontraram o *dharma* pelo conhecimento e aprendizado.

Aquele que não se importa com as coisas
vê o que há diante dos olhos, está aberto ao que é dito,
age conforme seus sentimentos.
Quem pode julgá-lo aqui? Com que medida?

Ele não elabora, nem adula,
desconfia da "perfeição" —
tendo cortado os nós que prendem,
não nutre anseios por coisa alguma.

O sacerdote sem fronteiras
não se agarra ao que viu ou conheceu.
Sem fervor, sem falta de fervor,
ele nada postula como definitivo.

Quatro

Aquele que tem ideias "definitivas"
e apresenta-as como finais
irá declarar todas as outras "inferiores" —
ele não superou as disputas.

Tirando vantagem própria
ele se apodera de pontos de vista,
palavras, regras e ideias —
e vê tudo o mais como vulgar.

Os bons opinam que ele deprecia os outros
por se ter atado em nós.
O mendigo não fica enredado
em pontos de vista, palavras, ideias, nem regras.

Elogio à solidão

Ele não elabora um ponto de vista
Com base em conhecimento ou princípios —
não afirma ser igual
nem se acha melhor ou pior.

Ele abandona um cargo sem assumir outro —
não se define pelo que sabe.
Nem tampouco se une a uma facção dissidente —
ele não assume nenhum ponto de vista.

Ele não é atraído para os becos sem saída
de *algo* e *nada, este mundo* e *o próximo* —
pois faltam-lhe aqueles comprometimentos
que fazem as pessoas refletir e agarrar-se a ensinamentos.

Não há insinuação de artifícios
em sua percepção dos pontos de vista, palavras e ideias —
quem pode julgar o sacerdote que não mantém pontos de vista?
Com que critério podes avaliá-lo?

Ele não elabora, nem adula —
nunca se ocupou do ensino.
Impossível avaliar esse sacerdote por suas normas,
ele foi além — sem nada a que recorrer.

glossário

ATARAXIA (grego). Literalmente "imperturbabilidade". Paz interior. O principal objetivo da vida para as filosofias pirronista e epicurista.

AYAHUASCA (quéchua). Uma infusão, feita com o cipó *Banisteriopsis caapi* e as folhas da planta *Psychotria viridis*, usada em cerimônias xamânicas medicinais no Peru, no Brasil e outros locais da América do Sul.

BODHISATTVA (sânscrito; páli *bodhisatta*). Nos primórdios do budismo, era o epíteto dado a Gautama antes de seu despertar. No budismo *mahāyāna*, uma pessoa que aspira despertar por amor aos outros.

BUDA / BUDDHA (páli e sânscrito). Literalmente: O Desperto. Um epíteto dado a Gautama e a outros que atingiram o despertar.

CÂNONE PÁLI. As cinco coleções (*nikāya*) de ensinamentos de Gautama e seus discípulos registrados na língua páli.

CHACAPA (quéchua). Um chocalho ritual de folhas usado em cerimônias xamânicas medicinais.

DHARMA (sânscrito; páli: *dhamma*). Literalmente, "lei". O *dharma* se refere ao que Gautama despertou e aos ensinamentos, valores e práticas que levam ao despertar.

DJUKPI (coreano). Um pedaço de bambu cortado ao meio, cuja batida faz um estalo que marca o início e o fim dos períodos de meditação zen.

ENZO (japonês). Um círculo executado com uma única pincelada, simbolizando o vazio.

GAUTAMA (sânscrito; páli: *Gotama*). Um filósofo do reino de Kosala no nordeste da Índia, conhecido como o Buda (c. 563 – c. 483 a.C.). Seus ensinamentos formam a base da religião budista. Contemporâneo de Sócrates.

ICARO (quéchua: *ikaro*). Cânticos entoados pelo xamã durante as cerimônias medicinais.

JHĀNA (páli; sânscrito: *dhyāna*). Literalmente, "meditação". No budismo, geralmente se refere às quatro fases de aprofundamento do recolhimento, às vezes denominado "absorção".

MAHĀYĀNA (sânscrito). Literalmente "grande veículo". Um movimento budista reformista que começou cerca de quatrocentos anos após a morte de Gautama. É a escola de budismo prevalecente no leste da Ásia e na Ásia central.

MAÑJUSHRI (sânscrito). O *bodhisattva* da sabedoria, no budismo *mahāyāna*.

MARA'AKAME (huichol). Um ancião ou xamã da tribo huichol no México.

MESA (espanhol). Literalmente "mesa". Um platô elevado com o topo achatado e laterais íngremes, encontrado no sudoeste norte-americano.

METATE (espanhol). Uma pedra para moer cereais.

OM MANI PADME HUM (sânscrito). O mantra do Avalokiteshvara, o *bodhisattva* da compaixão no *mahāyāna*.

NIRVANA (sânscrito; páli: *nibbāna*). O fim da ganância, do ódio e da confusão. Paz interior e liberdade mental. Um objetivo principal da prática budista.

PÁLI (páli). A *prakrit* (língua falada) do indo-ariano médio em que os ensinamentos de Gautama foram memorizados e depois escritos.

PEYOTE (espanhol, derivado do asteca). *Lophophora williamsii*. Um pequeno cacto sem espinhos usado em cerimônias xamânicas medicinais no México e em outros lugares.

PRAJÑĀ (sânscrito). Sabedoria, compreensão, discernimento.

RAMPJAAR (holandês). Um *annus horribilis*, um ano terrível.

SĀDHANA (sânscrito). Uma prática ritual, que envolve recitação, visualização e meditação, empregada no budismo tântrico.

SAMATHA (páli e sânscrito). Tranquilidade mental proporcionada pelo recolhimento.

SAMĀDHI (páli e sânscrito). Recolhimento mental, concentração.

SAMANTABHADRA (sânscrito). O *bodhisattva* que personifica a bondade fundamental no budismo *mahāyāna*.

SHANTIDEVA (sânscrito). Monge poeta budista *mahāyāna* do século VIII, autor de *Um guia para o modo de vida do bodhisattva*.

SFUMATO (italiano). A técnica de pintura que permite tons e cores se matizarem, criando contornos suavizados.

SOJU (coreano). Bebida alcoólica destilada consumida na Coreia.

STUPA (sânscrito). Originalmente, um túmulo; atualmente, uma estrutura arquitetônica abobadada, usada por toda a Ásia como símbolo do Buda e do *dharma*.

SUTTA (páli). Um discurso atribuído a Gautama ou um de seus discípulos imediatos.

VAJRAYOGINI (sânscrito). Divindade feminina evocada em práticas do budismo tântrico.

VIPASSANA (páli; sânscrito: *vipaśyanā*). *Insight* ou meditação reveladora.

VIVEKA (páli e sânscrito). Solidão.

YAMĀNTAKA (sânscrito). Uma deidade masculina colérica evocada em práticas do budismo tântrico.

ZEN (japonês; coreano: *Son*; chinês: *Chan*). Literalmente: "meditação". O termo é derivado da palavra *jhāna*. Uma tradição budista do leste asiático que enfatiza a prática contemplativa disciplinada como meio para o despertar.

bibliografia

Preâmbulo

Batchelor, Stephen. *Alone with Others: An Existential Approach to Buddhism*. New York: Grove, 1983.

Catarina de Siena. *Carta (no. 49) a Monna Alessa dei Saracini*. http://www.drawnbylove.com/Scudder%20letters.htm#2MAlessa.

Fronsdal, Gil. *The Buddha before Buddhism: Wisdom from the Early Teachings*. Boulder, Colo.: Shambhala, 2016.

Hugo, Victor. *La fin de Satan*. 1886; Paris: Gallimard, 1984.

———. *Choses vues. Nouvelle série*. Paris: Calmann Lévy, 1900.

Wordsworth, William. *Selected Poems*. Ed. Stephen Gill. London: Penguin, 2004.

Arte e solidão

[AMARELO]

(Capítulos 3, 7, 11, 14, 17, 21, 25, 32)

Auden, W. H. *Collected Poems*. Ed. Edward Mendelson. New York: Modern Library, 2007.

Auden, W. H. *Poemas*. Ed. Companhia das Letras. 2013.

Avigdor, Leon d'. *Agnes Martin: Between the Lines*. Filme documentário, 2016.

Batchelor, David. *Chromophobia*. London: Reaktion, 2000.

———. *The Luminous and the Grey*. London: Reaktion, 2014.

Buddhist Television Network. *Revering the Memory of Master Kusan Sunim 01*. Vídeo em coreano, disponível no YouTube. A parte sobre Baekun Am inicia em 11:04.

Buswell, Robert. *The Korean Approach to Zen: The Collected Works of Chinul*. Honolulu: University of Hawaii Press, 1983.

Cioran, E. M. *The Trouble with Being Born*. Trans. Richard Howard. London: Quartet, 1993.

Dehejia, Vidya. *Early Buddhist Rock Temples: A Chronological Study*. London: Thames and Hudson, 1972.

Emerson, Ralph Waldo. *Self Reliance and Other Essays*. 1841; New York: Dover, 1993.

Fergusson, James. *History of Indian and Eastern Architecture*. London: John Murray, 1910.

Gruen, John. "'What We Make, Is What We Feel': Agnes Martin on Her Meditative Practice." 1976; *ARTnews*, 2015.

Hutchinson, John, et al. *Antony Gormley*. London: Phaidon, 1995, expanded ed. 2000.

Jelley, Jane. *Traces of Vermeer*. Oxford: Oxford University Press, 2017.

Keats, John. *Letters of John Keats*. Ed. Robert Gittings. Oxford: Oxford University Press, 1970.

Kull, Robert. *Solitude: Seeking Wisdom in Extremes*. Novato: New World Library, 2008. Para ver fotos e ter mais informações sobre o projeto solitário de Kull, consulte www.bobkull.org.

Lamotte, Étienne. *History of Indian Buddhism: From the Origins to the Śaka Era*. Trans. Sara Webb-Boin. Leuven: Peeters, 1988.

Maitland, Sara. *O livro do silêncio*. Estrela Polar, 2012.

Martin, Agnes. *Writings/Schriften*. Ed. Dieter Schwarz. Ostfildern: Cantz-Verlag, 1993.

Martin, Henry. *Agnes Martin: Pioneer, Painter, Icon*. Tucson: Shaffner, 2018.

Mayer, Musa. *Night Studio: A Memoir of Philip Guston.* Munich: Sieveking Verlag, 1998.

Morris, Frances, and Tiffany Bell. *Agnes Martin.* Catálogo da exposição. New York: D.A.P/ Distributed Art Publishers, 2015.

Page, H. A. *Thomas de Quincey: His Life and Writings.* 2 Vols. London: 1877.

Princenthal, Nancy. *Agnes Martin: Her Life and Art.* New York: Thames and Hudson, 2015.

Śāntideva. *Śikshā-Samuccaya: A Compendium of Buddhist Doctrine.* Trans. Cecil Bendall and W. H. D. Rouse. 1922; Delhi: Motilal Banarsidass, 1971.

Schütz, Karl. *Vermeer: The Complete Works.* Cologne: Taschen GmbH, 2015.

Thoreau, Henry David. *Walden.* Trad. Alexandre Barbosa de Souza. Ed. Edipro, 2018.

Van Dusen, Caitlin. "The Other Side of Appearance: An Interview with Antony Gormley." *Tricycle, the Buddhist Review,* Fall 2002.

Vermeer, Johannes. *A Maid Asleep [Moça dormindo]* (1656–57), *The Milkmaid [A leiteira]* (1658– 61), *The Little Street [A ruela]* (1658–61), *Young Woman with a Water Pitcher [Jovem com uma jarra de água]* (1662–64), *Woman with a Lute [A guitarrista]* (1662–64), *Woman in Blue Reading a Letter [Mulher de azul lendo uma carta]* (1663–64), *Woman Holding a Balance [Mulher segurando uma balança]* (1663–64), *Woman with a Pearl Necklace [Mulher com colar de pergolas]* (1663–64), *A Lady Writing [Uma senhora escrevendo uma carta]* (1665–67), *The Lacemaker [A rendeira]* (1669–70), *The Art of Painting [A arte da pintura]* (1666–68), *The Procuress [A alcoviteira]* (1656). Ver detalhes em http://www.essentialvermeer.com.

Waiboer, Adrian E, with Arthur K. Wheelock and Blaise Ducos. *Vermeer and the Masters of Genre Painting: Inspiration and Rivalry.* Exhibition catalogue. New Haven: Yale University Press, 2017.

Contemplação
[VERMELHO]
(Capítulos 1, 8, 12, 16, 20, 22, 28, 30)
Anālayo. *Satipaṭṭhāna: The Direct Path to Realization.* Cambridge: Windhorse, 2003.
Arbel, Keren. *Early Buddhist Meditation: The Four Jhānas as the Actualisation of Insight.* London: Routledge, 2016.
Batchelor, Stephen. *The Faith to Doubt: Glimpses of Buddhist Uncertainty.* 1990; Berkeley: Counterpoint: 2016.
──────. *Verses from the Center: A Buddhist Vision of the Sublime.* New York: Riverhead, 2000.
Batchelor, Stephen, and Martine Batchelor. *What Is This? Ancient Questions for Modern Minds.* Wellington, N.Z.: Tuwhiri, 2019.
Bodhi, Bhikkhu, trans. *The Connected Discourses of the Buddha: A New Translation of the Samyutta Nikāya.* Somerville, Mass.: Wisdom, 2000.
Brasington, Leigh. *Right Concentration: A Practical Guide to the Jhānas.* Boston: Shambhala, 2015.
Eliot, T. S. *Collected Poems, 1909–1962.* London: Faber and Faber, 1963.
──────. *Poemas.* Trad. Caetano W. Galindo. Companhia das Letras. 2018.
Hadot, Pierre. *The Inner Citadel: The Meditations of Marcus Aurelius.* Trans. Michael Chase. Cambridge: Harvard University Press, 1998.
Hart, William. *The Art of Living: Vipassanā Meditation: As Taught by S. N. Goenka.* London: HarperOne, 1987.

Horner, I. B., trans. *Milinda's Questions*. 2 vols. Bristol: Pali Text Society, 1963–64.

Kusan Sunim. *The Way of Korean Zen*. Boston: Weatherhill, 2009.

Ñāṇamoli, Bhikkhu, and Bhikkhu Bodhi, trans. *The Middle Length Discourses of the Buddha (Majjhima Nikāya)*. Boston: Wisdom, 1995.

Shankman, Richard. *The Experience of Samādhi: An In-depth Exploration of Buddhist Meditation*. Boston: Shambhala, 2008.

Śāntideva. *A Guide to the Bodhisattva's Way of Life*. Trans. Stephen Batchelor. Dharamsala: LTWA, 1979.

Siff, Jason. *Unlearning Meditation: What to Do when the Instructions Get in the Way*. Boston: Shambhala, 2010.

Walshe, Maurice, trans. *The Long Discourses of the Buddha: A Translation of the Dīgha Nikāya*. Boston: Wisdom, 1995.

Zangpo, Thogmé (Thogs med bzang po). *Byang chub sems dpa'I spyod pa la 'jug pa'i 'grel pa legs par bshad pa'i rgya mtsho*. Sarnath, India: Pleasure of Elegant Sayings Printing Press, 1974.

Remédio
[BRANCO]
(Capítulos 4, 6, 9, 15, 19, 23, 26, 31)

Badiner, Allan, and Alex Grey, eds. *Zig Zag Zen: Buddhism and Psychedelics*. 2002; Santa Fe: Synergetic, 2015.

Burroughs, William S., e Allen Ginsberg. Cartas do *Yage*. Trad. Bettina Becker. Ed. L&PM. 2008.

Castañeda, Carlos. *Viagem a Ixtlan*. Ed. Record, 1972.

Demange, François. *Metsa: De l'ombre à la lumière: Voyages d'um guérisseur chez les chamanes*. Paris: Mama, 2014.

Guerra, Ciro. *O abraço da serpente*. Filme peruano de longa metragem, 2015.

Hari, Johann. *Na fissura: uma história do fracasso no combate às drogas*. Trad. Hermano Freitas. Ed. Companhia das Letras, 2018.

Huxley, Aldous. *As portas da percepção* e *Céu e inferno*. Trad. Oswaldo de Araújo Souza. Ed. Globo, 2002. A primeira publicação de *As portas da percepção foi em* 1954.

———. *A filosofia perene: Uma interpretação dos grandes místicos do Oriente e do Ocidente*. Trad. Adriano Scandolara. Ed. Biblioteca Azul, 2020.

Levinas, Emmanuel. *Ethics and Infinity: Conversations with Philippe Nemo*. Trans. Richard A. Cohen. Pittsburgh: Duquesne University Press, 1985.

McKenna, Terence. *O alimento dos deuses*. Ed. Record/Nova Era, 1995.

Osto, Douglas. *Altered States: Buddhism and Psychedelic Spirituality in America*. New York: Columbia University Press, 2016.

Pinchbeck, Daniel. *Breaking Open the Head: A Psychedelic Journey into the Heart of Contemporary Shamanism*. New York: Broadway, 2002.

Pollan, Michael. *Como mudar sua mente: O que a nova ciência das substâncias psicodélicas pode nos ensinar sobre consciência, morte, vícios, depressão e transcendência*. Trad. Rogerio W. Galindo e Rosiane Correia de Freitas. Ed. Intrínseca, 2018.

Wilson, Frances. *Guilty Thing: A Life of Thomas De Quincey*. London: Bloomsbury, 2016.

[Estatísticas relativas ao tabaco: https://www.cdc.gov/tobacco/data_statistics/fact_sheets/fast_facts/index.htm; estatísticas relativas ao álcool: https://www.niaaa.nih.gov/alcohol-health/overview-alcohol-consumption/alcohol-facts-and-statistics.]

Filosofia
[AZUL]
(Capítulos 2, 5, 10 ,13, 18, 24, 27, 29)

Bakewell, Sarah. *Como viver: ou uma biografia de Montaigne em uma pergunta e vinte tentativas de resposta*. Trad. Clóvis Marques. Ed. Objetiva, 2012.

Carlisle, Claire. *Philosopher of the Heart: The Restless Life of Søren Kierkegaard*. London: Allen Lane, 2019.

Conche, Marcel. *Pyrrhon ou l'apparence*. Paris: PUF, 1994.

Desan, Philippe. *Montaigne: A Life*. Trans. Steven Rendall and Lisa Neal. Princeton: Princeton University Press, 2017. (*Montaigne: Une biographie politique*. Paris: Odile Jacob, 2014.)

Ellis, Robert M. *The Buddha's Middle Way: Experiential Judgment in His Life and Teaching*. Sheffield: Equinox, 2019.

Emerson, Ralph Waldo. *Representative Men: Seven Lectures*. Boston: Phillips, Sampson, 1850.

Greenblatt, Stephen. *The Rise and Fall of Adam and Eve*. London: Vintage, 2017.

———. *The Swerve: How the World Became Modern*. New York: Norton, 2011.

Greenblatt, Stephen, and Peter G. Platt, eds. *Shakespeare's Montaigne: The Florio Translation of the Essays*. New York: New York Review Books, 2014.

Lenoir, Frédéric. *O milagre Espinosa: Uma filosofia para iluminar nossa vida*. Trad. Marcos Ferreira de Paula. Ed. Vozes Nobilis, 2020.

Lucrécio. *Sobre a natureza das coisas*. Trad. Rodrigo Tadeu Gonçalves. Ed. Autêntica, 2021

Montaigne, Michel de. *Ensaios*. Trad. Sérgio Millet. Editora 34, 2016.

Montaigne, Michel de. *Montaigne: Les Essais*. Adapted into modern French by André Lanly. Paris: Gallimard, 2009.

———. *The Complete Essays*. Trans. and ed. M. A. Screech. London: Penguin, 1991.

———. *Les Essais: Edition conforme au texte de l'exemplaire de Bordeaux*. Ed. Pierre Villey. Paris: PUF, 1924.

Vázquez, Manuel Bermúdez. *Philosophical Scepticism and Its Tradition in Michel de Montaigne's Essais*. Ph.d. thesis, University of Edinburgh, 2012.

Apêndice
Norman, K. R., trans. *The Group of Discourses* (Sutta Nipāta). Oxford: Pali Text Society, 2001.

agradecimentos

Fico em dívida com as Filhas da Fortuna – Léa Fages, Monique Bisson, Martine Batchelor, Evelyne Fages-Decortes, Léna Decortes, Judith Bisson, Constance Bisson, Valentine Bisson, e Cécile Bisson – pelo papel fundamental que tiveram na organização do material.

Fico profundamente agradecido à minha agente Anne Edelstein e à editora Jennifer Banks pela dedicação e cuidado ao trazer ao mundo *Elogio à solidão*. Agradeço também a Cindy Spiegel por sua contribuição perspicaz e entusiasmo inabalável pelo projeto.

Minha compreensão do contexto político da vida de Montaigne se deve principalmente à obra magistral de Phillippe Desan, *Montaigne: Une biographie politique*.

Durante toda a escrita deste livro, meus colegas e alunos do Bodhi College me inspiraram, apoiaram e desafiaram. Obrigado a todos.

Gostaria de reconhecer a influência dos escritos de William S. Burroughs, Ernest Hemingway, Karl Ove Knausgaard e George Perec neste livro.

Inúmeros outros indivíduos contribuíram para *Elogio à solidão*, estando cientes disso ou não. Eu gostaria de agradecer particularmente a Keren Arbel, Yelena Avramenko, Allan Badiner, David Batchelor, Susan Blackmore, André van der Braak, Leigh Brasington, Guy Claxton, Régine Coleman, Anne Marie de Winter, Robert Ellis, Danielle Follett, Gil Fronsdal, Sarah Gillespie, Richard Gombrich, Antony Gormley, Manon Grier, Joan Halifax, Dan Heaton, Winton Higgins, Hyonho Sunim, Elisabeth Kools, Robert Kull, Stefan Lang, Christian Mähler-Besse, Nacho Maldondo Martínez, Ramsey Margolis, Ken McLeod, Thomas Metzinger, Vanja Palmers, John Peacock, Julie Püttgen, Stephen Schettini, Rainer Scheurenbrand, Shantum Seth, Carmel Shalev, Andrés Sierra, Jason Siff, Carina Stone, Tom Tillemans, Don Toño, Helen Tworkov, Manuel Villaescusa, Gay Watson, e Sean Williams.

índice

Álcool, 53,55; abstenção de Batchelor de, 121
Alexandre, o Grande, 38
amor fati: conceito de Nietzsche de, 91
Antístenes, 37
Arbel, Keren, 118
arte: solidão como necessária para a, 145. Ver também Martin, Agnes; Vermeer, Johannes
ataraxia: Montaigne sobre, 59-60, 137-38
atenção plena, 72-73
Atthakavagga. Ver *Capítulo dos Oito*
Auden, W. H., 67
Autocontrole, 150; Montaigne sobre, 77-78
ayahuasca, 55; experiências de Batchelor com, 12, 86, 101, 119-21, 136, 155-59

Baekum Am (eremitério), 127-28, 130

balsa, parábola da, 143-44
Batchelor, Stephen: *Sozinho com os outros*, 15; nos pés do Himalaia, 27-28; vida interior de, 20; experiências com meditação de, 28; na torre de Montaigne, 141-42; sobre completar sessenta anos, 10,15
Bedse, Maharashtra, Índia, 63-67
Bellini, Giovanni, 79
Bergman, Ingmar, 163
Blake, William, 134
Brasington, Leigh, 113-15, 117, 153
Buda, o (Gautama): sobre o dharma, 158, 162; sobre as jhānas, 113-14; sobre meditação, 105-7; sobre mindfulness/atenção plena, 89-92; sobre o nirvana, 146; como parte de nós, 89-90; Shantideva sobre, 28; e solidão como prática, 9; ensinamentos de, 11-12, 145
Budismo: Mazu Daoyi sobre o, 89; zen, 89-92

Elogio à solidão 189

Burgess, Dr. J., 63

Cage, John, 110-11
cannabis, experiência de Batchelor com, 51, 53-55
Cânone páli: sobre meditação 105-07; sobre *mindfulness*, 47-49. Ver também *Capítulo dos Oito*
Caravaggio: *A crucificação de São Pedro*,102
Cassaigne, Françoise de la,149
Castañeda, Carlos, 41
Catarina de Siena, 11
Capítulo dos Oito (Atthakavagga),10-11, 167-68. Ver também *Quatro Oitos, Os*
Carlos IX, Rei, 22
ceticismo (filosófico), 59-60, 150
Chinul, 128
Cícero, 24, 59
Cioran, Emil, 44,162
Coligny, Almirante de, 23
colagens: como estrutura deste livro, 10
contemplação: importância da, 12. *Ver também* meditação; meditação em *mindfulness* (atenção plena)
Coreia do Sul: eremitério na, 129-130
Csikszentmihalyi, Mihaly, 95

Demócrito, 59, 138
De Quincey, Thomas, 20
Deus: Montaigne sobre, 137-38, 139-42; solidão e, 95, 139
dharma, o: o Buda sobre, 144-46, 162; como meio para um fim, 144-46; e nirvana, 146

Donne, John, 163
Dutthattaksutta (discurso dos oito sobre o erro),167

Edito de Nantes, 142
Eliot, T. S., 154
Emerson, Ralph Waldo, 95, 149, 164
emoções: Montaigne sobre, 75-76
Erasmo, 23
espanhóis, conquistadores:
 Montaigne sobre, 99-100
éticas, aspirações: e meditação, 152, 154; Shantideva sobre, 72-73

Fabritius, Carel,46
filosofia: e perplexidade, 58;
 Montaigne sobre, 57-58,
Foix, Paul de, 140
França: guerras religiosas na, 22-24
Francisco de Assis, Santo: escultura de, 79, 82, 83
Fronsdal, Gil, 10

Gautama. Ver Buda, o
Goenka, S. N., 69, 70, 72, 82
Goldstein, Joseph, 95
Gombrich, Ernst, 82
Goodall, Jane, 164-65
Gormley, Antony: sobre meditação, 82; *Sem título (para Francisco)*, 79, 82-83
Gournay, Marie de, 142
Gregório XIII, Papa, 24
Grünewald, Matthias: Isenheim Altarpieceheim, 53-54
guerras religiosas: na França, 22-24, 141-42, 149
Guhatthakasutta (O discurso dos oito sobre a Celacela), 167

haxixe, 53
Henrique II, Rei, 97
Henrique III, Rei, 24, 141
Henrique de Navarra, 24; como Rei Henrique IV, 141-42
Hugo, Victor: La Fin de Satan, 9
Huxley, Aldous: "As portas da percepção" de, 51-52, 133; morte de, 133; sobre os efeitos da mescalina, 133-34; sobre a solidão, 133-34; sobre Vermeer, 134-36
Huxley, Laura, 133
Huxley, T. H., 135
Hyesim, 128, 130
Hyonho, Sunim, 130

I Ching, 95
Igreja católica: objeções da, aos *Ensaios* de Montaigne, 142. *Ver também* guerras religiosas
Ilgak Sunim, 130
Indígenas do Brasil: observações de Montaigne sobre os, 97-98

James, William, 95
jhānas, as, 151; experiências de Batchelor com, 113-18, 151-52; Buda sobre, 113-14; arrebatamento como aspecto das, 151-52; e solidão, 113

Karla, mosteiro em, 64
Keats, John; "Oh, solidão", 165
Kennedy, John F., 133
Khema, Ayya, 114
Krishnamurti, Jiddu, 95
Kull, Robert: e seu ano de solidão, 93-96

Kusan Sunim, 10, 129-31

La Boétie, Étienne de: *Servidão voluntária*, 23-24
Levinas, Emmanuel, 103
LSD: experiências de Batchelor com, 53-54
Lucrécio, 58

Maconha, 52. *Ver também* cannabis
Madona de Guadalupe, 32
Māhāyana, budismo, 28
Mandela, Nelson, 164
mara'akame. Ver Toño, Dom, Martin, Agnes, 109, 110; *Amor distante*, 79, 82, 109; sobre solidão, 80, 164; *A árvore*, 80; visão de, 80-82
Mazu Daoyi, 89, 90
Médici, Catarina de, 22
Meditação, 20; reflexões de Batchelor sobre, 151-54; Cânone páli sobre105-107; estudos científicos da, 153; e solidão, 105; valor da, 151-54. *Ver também* jhānas, as; meditação em mindfulness
meditação em *mindfulness*, 69-73; Cânone páli sobre, 47-49; Shantideva sobre, 72-73
Menandro, 146
Merton, Thomas, 95
Mescalinam 40-41; Aldous Huxley sobre, 133-35
Montaigne, Michel de: *Apologia de Raimond Sebond*, 23; educação de, 58-59; *Ensaios,*13; morte de, 142; sobre a morte, 75-76; sobre

Elogio à solidão 191

as emoções, 69-73; sobre Deus e o Cristianismo, 137-38, 140-41; sobre os indígenas do Brasil, 97-98; e La Boétie, 23; sobre a pintura,13; sobre a filosofia, 23-24; sobre a soberba, 123-26; sobre autocontrole 77-78; sobre solidão, 9, 21-22, 35-38, 137-42; sobre os conquistadores espanhóis, 99-100; torre de, 141-42
morte: Montaigne sobre a, 75-76, 78

Nāgārjuna, 117, 145
Nagasena, 146
negativa, capacidade, 145
Nietzsche, Friedrich, 91
Nirvana, 65, 157; como capacidade negativa, 146; e solidão, 60, 145, 164
Norman, K. R., 167-68

"O que é isto?": prática de, 90-92, 129
Oliver, Mary, 95

Paramattakasutta (O discurso dos oitos sobre o Supremo), 167
Peyote, 55; experiências de Batchelor com, 33-34, 40-41, 136
Pico do Diabo, Mosteiro do, 63-65, 66-67
Platão, 58, 78
Plínio, 24
Posong Sunim, 130
Protestante, Reforma: Montaigne sobre a, 140. *Ver também* guerras religiosas

psicoativas, substâncias: e abstinência como defendida pelo budismo, 55; experiências de Batchelor com, 12-13, 33-34, 85-87, 119-121. Ver também álcool; ayahuasca; cannabis; LSD; maconha; mescalina; peyote; tabaco
Pirro/Pirronismo, 59-60, 138-140

Quatro Oitos, Os 21, 32, 57, 75, 97, 137; estrutura métrica dos, 13, 66; sobre a solidão, 15, 66; tradução de, 11, 169-174

recolhimento (*samādhi*), 113, 116
Rumi, 95

Sādhanās, 28
Saint-Michel-de-Montaigne, 147, 149
Saint-Pierre-ès-Liens, igreja de, 149
samādhi (recolhimento), 113, 115
Shantideva: *Compêndio de treinamento*, 28-29; *Um guia para o modo de vida do bodhisattva*, 72; sobre *mindfulness*/atenção plena, 72; sobre solidão, 162-63
Saracini, Monna Alessa dei, 11
Sebond, Raimond, 23; *Teologia Natural*, 23-24
Sêneca, 98, 150
sfumato, 45
Shakespeare, William, 146
silêncio: beleza do, 42
Sócrates, 58
solidão: e ambição, 24; e automedicação, 54-55; como

uma arte, 12; e Deus, 95;
entendimentos variados de,
163-64; e iluminação 130; e
os Quatro Oitos, 11, 65-66;
Aldous Huxley sobre 133-34;
e as jhānas, 116; John Keats
sobre, 165; Robert Kull sobre,
93-96; Agnes Martin sobre, 81;
e meditação, 105; como modo
de vida, 9-10; como necessária
para a arte, 110-11; e nirvana,
65; o paradoxo da, 163-64;
Shantideva sobre, 162; nas
pinturas de Vermeer, 43-44; e
vazio, 65
Stone, Michael, 155-56
substâncias, abuso de: abordagens
contraditórias ao, 51-52
Suddhattakasutta (O discurso dos oito sobre a Pureza), 167
Sutta Nipāta, 167-68

tabaco, 55: a experiência de
Batchelor com, 52-53
Thogmé Zangpo, 73
Thoreau, Henry David, 95

Toño, Dom (mara'akame), 10, 31, 32-34, 39-40

Vajrayogini, 28
vazio: estética do, 66; e solidão, 65-66
Vermeer, Catharina, 46
Vermeer, Johannes: Aldous Huxley sobre, 134-36; *A alcoviteira,* 110; *Schilderkunst (A arte da pintura),* 111; solidão como representada nas pinturas de, 43-46
Vinho, 55
Vipassana, retiros, 69-71, 82
viveka (solidão), 87; traduções de, 161. *Ver também* solidão

Watts, Alan, 95
Whitman, Walt, 95
Wilber,Ken, 95
Wordsworth, William, 5, 9

Yamāntaka, 28

zen budismo, 163; prática de, 90-92

Elogio à solidão 193

https://www.facebook.com/GryphusEditora/

twitter.com/gryphuseditora

www.bloggryphus.blogspot.com

www.gryphus.com.br

Este livro foi diagramado utilizando a fonte Adobe Garamond Pro e impresso pela Gráfica Vozes, em papel pólen soft 80g/m² e capa em papel cartão supremo 250 g/m².